一九九七年一〇月十一日　東京ドーム

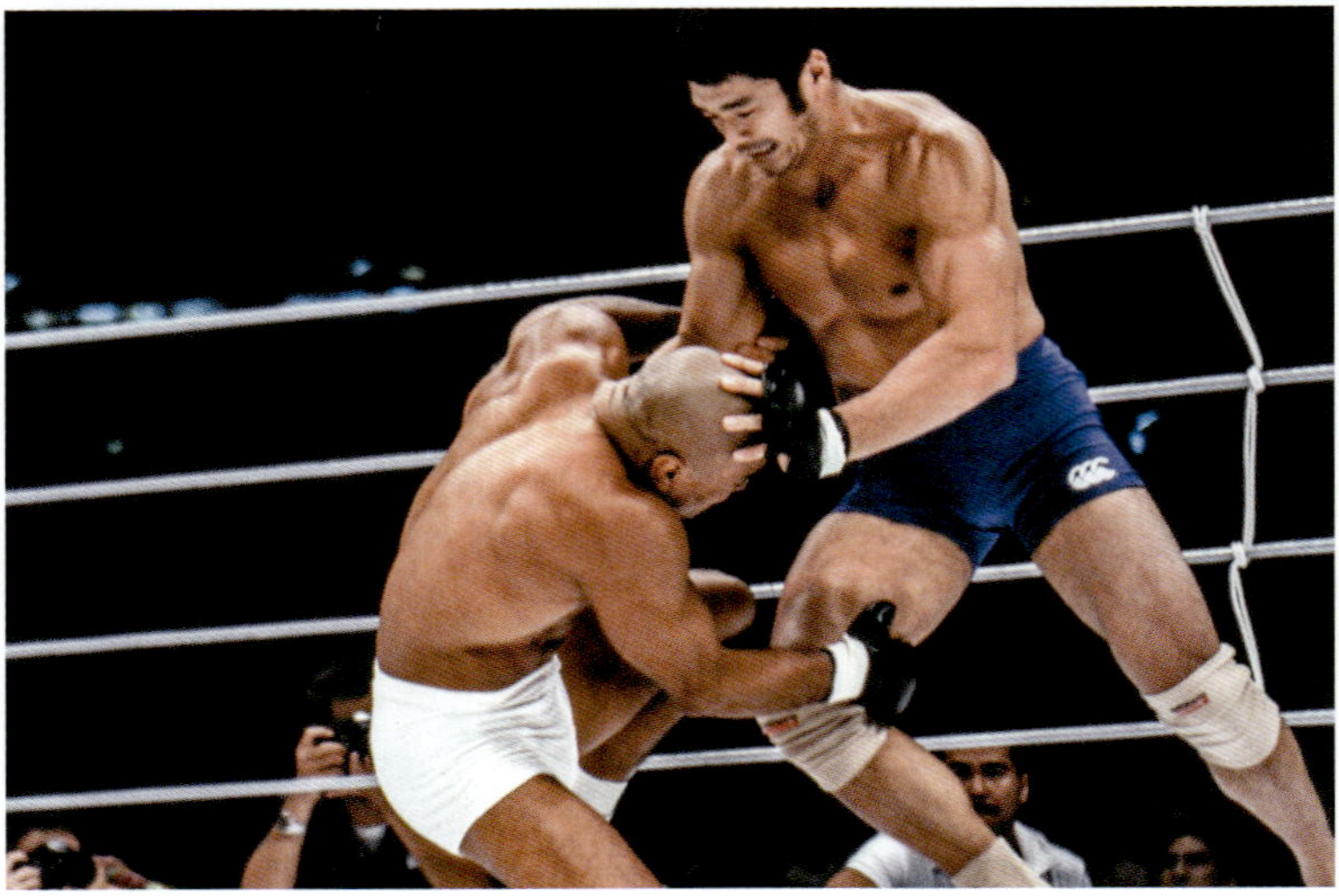

プライド

金子達仁

幻冬舎

『宇宙海賊キャプテンハーロック』第1巻より
©松本零士（秋田書店）

Vice Captain YATTARAN.
Thanks for AJ……

目次

第一章　邂逅

勝った後に飲む酒は美味い。西山秀二はしみじみ思った。

今日のような試合の後は、特に。

彼が所属する広島東洋カープは、この日、名古屋に乗り込んでの中日ドラゴンズ戦に12対5で快勝していた。これで貯金は13となり、2位中日とのゲーム差は4・5に広がった。

シーズンが半分も過ぎていないことを思えば、楽観するにはまだ早い。それでも、気の早いカープファンの間では5年ぶりの優勝を期待するムードが高まりつつあった。

無理もない。それぐらい、この年の広島打線は強力だった。

なにしろ、62試合を消化した段階で、3番の野村謙二郎から8番の西山まで、6人の打率が3割を超えていたのである。チーム打率2割9分2厘は、ぶっちぎりの最下位を走る阪神タイガースのそれを5分も上回っていた。対戦するピッチャーからすれば、悪夢のような打線である。

しかも、この時代の広島はただ打つだけのチームではなかった。いや、この時点でチーム本塁打王の金本知憲が7番に控え、8番に入るキャッチャーの西山が3割4分の打率を残しているのだから、とてつもなく強力な打線であったことは間違いない。ただ、彼らにはもうひとつ、大きな武器があった。

足である。

最終的にこのシーズンの盗塁王となる緒方孝市を筆頭に、赤ヘルたちは走って走って走りまくった。およそ俊足とは言い難かった西山や大砲の江藤智でさえ、相手にスキを見て取ればすぐに次の塁を盗みにかかった。走者を背負った相手バッテリーが目前のバッターに集中できるのは、塁上のランナーが前年度にアキレス腱断裂の大怪我を負っていた前田智徳の場合のみだった、といってもいい。警戒を怠れば走られ、警戒しすぎれば打者への対応が疎かになる。セントラル・リーグの多くのピッチャーが、そうやって打ち崩された。

打撃にはスランプがあるが、守りと足にスランプはない。長く野球界で伝えられてきた定説に則れば、今年のカープに大きなスランプが訪れることは考えにくい。まだシーズンは半分以上残っているにもかかわらず、ファンの間で5年ぶりのビールかけを期待する声が高まるのも、無理からぬところだった。１９７５年の初優勝以来、広島は６度セ・リーグを制してきたが、５年以上優勝から遠ざかったことは、なかった。

当然、広島の選手たちはまだ何かを手にしたわけではないことをわかっていた。断トツ最下位の阪神はともかく、５位の読売巨人軍とは７・５ゲーム差しかない。潤沢な資金にモノをいわせ、毎年のように大型補強を繰り返す巨人は、西山にとっても依然、不気味な存在だった。

だが、終盤の猛打で接戦をモノにし、首位攻防戦のファーストラウンドをとったこの日のような夜は、やはり気持ちが弾む。まして、場所は広島ではなく名古屋。流川ではなく栄だった。常に熱狂的な赤ヘルファンの視線を意識せざるをえない流川とは違い、人の目をあまり気にせずに酒を楽しむことができる。

入団12年目のベテラン、正田耕三と一緒に繰り出したのは、繁華街の雑居ビルにあるラウンジである。職業柄、遠征の多いプロ野球選手はビジターとして訪れる街にいきつけの店を持っている場合が多いが、西山がその後20年も名古屋遠征のたびに顔を出すことになるラウンジは、正田の馴染みの店だった。

週半ば、水曜日の夜ということもあり、客の数はそれほど多くなかった。西山たちの身体にようやく酔いが回ってきた頃になると、店はほぼ貸切りといってもいい状態になっていた。

いいようのない解放感が、全身に広がっていく。

勝った後に飲む酒は美味い。西山秀二はしみじみ思った。

ラウンジに足を踏み入れてすぐ、福薗好文は彼らの存在に気づいた。

カープの正田と西山がいる！

東京で育ち、広島という街にあまり接点のなかった福薗だが、ローティーンの多感な時期にいわゆる「赤ヘル旋風」を体験して以来、カープはお気に入りのチームだった。ホームランバッターやエースに憧れる少年が多い中、彼が好きだったのは監督の古葉竹識だというから、少々毛色は変わっていた。

好きだ、観たいと思えば後先考えずに突き進むところが福薗にはある。

小学4年生の時、実家の近所にあった日大講堂でボクシングの世界タイトルマッチが行われることになった。観たい。どうしても観たい。だが、入場券を買う金はない。では、どうするか。9歳の福薗少年は、便所の窓から会場に侵入する計画を立てた。

そして、成功した。

「大場対チャチャイ。大場の5度目にして最後の防衛戦。初回にダウンを食らった際、足を捻挫したにもかかわらず、そこから逆転ノックアウト勝ちしたっていう伝説の試合ですよ。あれは子供心にも衝撃的だったなあ」

より衝撃的だったのはそれから3週間後に飛び込んできたニュースだった。まだ23歳だったWBAフライ級の世界チャンピオンがハンドルを握るシボレー・コルヴェットは、首都高速5号線のカーブを曲がりきれず、反対車線を走るトラックに正面衝突してしまう。大場政夫は、即死だった。

大場というアイドルを失っても、福薗少年のボクシング熱、スポーツ熱は冷めなかった。古葉監督率いる広島が球団初の優勝を果たすのは、それから2年後のことである。彼はボクシングを愛し、広島を愛し、そしてプロレスを愛した。お気に入りは東京12チャンネル（現テレビ東京）の『世界のプロレス』という番組で、そこに登場するアンドレ・ザ・ジャイアントやザ・コンビクト、エル・ヒガンテといった巨漢レスラーに憧れた。

それは、大人になっても変わらなかった。

33歳になった福薗は、この日、名古屋レインボーホールで行われたプロレス団体UWFインターナショナル主催の大会を観戦した。大会終了後、打ち上げと称して10年来の親友といつものように超のつくハイペースで杯を重ね、上機嫌になって2軒目のラウンジへとやってきた。

他に客はいないようだから、他人の目を気にする必要もない。

福薗好文は、思い切って広島カープのスターたちに声をかけることにした。

嫌がられる可能性は、たぶん、ない。

彼には、勝算があった。


ビン付油の甘い香りを漂わせ、体格のいい男が近寄ってきた。

西山秀二は仰天した。

「あの、広島カープの西山さんと正田さんですよね?」

にこやかに声をかけてきたのは、人気関取の寺尾常史だったからである。

地元広島では知らない人がいないほどの有名人である西山と正田だったが、全国的な知名度となると、そこまでのものはない。

その点、当時の角界では珍しい筋肉質な肉体と甘いマスクで女性ファンも多かった寺尾の人気は、掛け値なしの全国区だった。福薗好文という本名を知っている人は少ないが、最高位で関脇まで昇進した寺尾の顔と名前を知らない日本人も少ない。大相撲名古屋場所の開催を控え、早めに名古屋に乗り込んでいた珍客の出現を、西山たちは大いに歓迎した。

　しかも、酒席に加わったのは寺尾だけではなかった。スポーツ番組のキャスターを務め、最近では選挙に出馬して世間を驚かせたそのプロレスラーを、もちろん西山は知っていた。

　髙田延彦である。

　西山はプロレスが好きで、寺尾は広島カープが好きで、髙田は元野球少年だった。

　そして、皆、酒が好きだった。

　ラウンジの雰囲気は一変した。

「もうね、寺尾さんと髙田さんの飲み方が凄くって。プロ野球の選手、あんなには飲まれへんもん」

　当然のことながら、西山は知らなかった。かつて、寺尾と髙田が部屋と団体の若手を連れて飲みに行った際、ビールと焼酎は別にしてウィスキーのボトルが27本ほど空いてしまったこと。二人が懇意にしているつもりだった店に忘年会の予約をしたところ、窓という窓に台風避けのような板が打ちつけられるという厳戒態勢が敷かれていたこと。忘年会の後はついに出入禁止を突きつけられたこと。

　格闘家とプロ野球選手、双方の間に若干はあった遠慮は、酒の勢いであっさりと駆逐された。寺尾たちにとってはいつもの飲み方だが、西山と正田にとっては人生で初めて経験する暴風雨のような酒だった。

「どっちが言い出したんかなあ、髙田さんだったか寺尾さんだったか。とにかく、酒が進んでくるうちに二人が脱ぎ出したんよ」

これもまた、寺尾たちにとってはいつもの展開だった。髙田にしろ寺尾にしろ、酒が進むと鍛え上げた己の肉体を披露したくなる衝動に駆られるらしい。となれば、当然上半身を露にしただけでは終わらない。

「お互いの身体をバチバチ叩き合い始めてね。もう、二人とも思いっきり、バチーンって。どや、俺の筋肉凄いやろ、みたいな感じで」

これでも終わらない。

「お前らも脱げって迫られて。だいたい想像つくと思うんやけど、こっちはお二人みたいな筋肉質なタイプちゃうから、できることなら脱ぎたくない。でも、結局はそんなんおかまいなしで脱がされて、『なんやその腹、もっと鍛えなあかんやろ！』みたいなこと言われて」

暴風雨は、もちろん、正田にも襲いかかった。5年連続で三井ゴールデン・グラブ賞を獲得した名二塁手の上半身を見て、寺尾は密かに「ほお、いい身体してる」と感心したが、髙田から発せられたのは「なんだ、そのしょっぱい身体は！」なる言葉だったという。

それでも、少なからず理不尽な側面もあった寺尾たちとの飲み会を、西山は大いに楽しんだ。東京や大阪に本拠地を置く巨人や阪神のようなチームの選手ならばいざ知らず、地方都市・広島をフランチャイズとするカープの選手にとって、これはそう多くはない全国的な著名人との酒席だった。

実はこの時、酒席には格闘家だけでなく、愛知県名古屋市に本社を置くテレビ局の子会社の若手社員も加わっていたのだが、西山にその記憶はない。肉体そのものを武器にしている男たちのオーラは、プロ野球選手の目から見ても圧倒的だった。末席にちょこんと座っていた一サラリーマンのことを覚えていないのも、当然といえば当然である。

誰が言い出したか、一行は当たり前のように次の店へと繰り出すことになった。

全員、上半身裸での移動だった。

萎えることもある。激昂してしまうこともある。触れると、触れられると負の感情を溢れ出させてしまうスイッチが、髙田延彦にはあった。

もう、ずいぶんと昔から。

そして、ここのところ、そのスイッチは入りっぱなしの状態だった。時に萎え、時に激昂し、投げやりとしかいいようのない心理状態に陥ることが日常的になっていた。だから、ずいぶんと久しぶりだった。

「なにしろアビちゃんが楽しそうだったからね。カープの選手もすっかりノリノリになってくれてたし」

十年来の親友でもあるアビちゃん——寺尾のはしゃぎっぷりが、沈みっぱなしだった髙田の気持ちを、久々にコールタールのような沼から引き上げてくれていた。ちなみに「アビちゃん」とは、父親が親方を務める相撲部屋に見学に来た外国人が、赤ん坊だった福薗好文のことを指した「a baby（ア・ベイビー）」という英語を、彼の兄たちが「アビ」と聞き間違えたことに由来する、角界では広く知られた寺尾の愛称である。

もしこの日、中日ドラゴンズが広島カープを下していたら、西山と正田は繁華街に繰り出さなかったかもしれない。

繰り出したとしても、それほど明るい酒にはならなかったかもしれない。

明るい酒でなかったら、さしもの寺尾も声をかけるのが憚られたかもしれない。

髙田の気持ちが晴れるほどの、底抜けに楽しい酒宴は実現していなかったかもしれない。

だとしたら――。

彼の人生は、まったく違うものになっていた。それだけではない。格闘技の歴史も、まったく違うものになっていた。

この日、いくつかの偶然が重なって生まれた多くの笑顔は、髙田延彦に、彼自身が予想すらしていなかった、衝動的な行動をとらせることになる。

1962年4月12日、神奈川県横浜市に生まれた髙田少年にプロレスの魅力を教えたのは、彼の祖母だった。

「力道山の頃に興味を持ったんだと思います。で、わたしも一緒にテレビを観るようになった」

やがて彼は、祖母にとっての力道山にあたる存在とめぐり合う。ヒーローの名前は、アントニオ猪木といった。

それまで彼が憧れていたのは、『ウルトラマン』であり『仮面ライダー』である。つまりは実在しないものだった。だが、ボクシング世界チャンピオンのモハメド・アリと戦い、極真カラテの北米王者ウィリー・ウィリアムスと戦ったのは、実在するプロレスラーで、実在する日本人だった。アントニオ猪木がリング上で訴える「プロレスラーこそが最強なのだ」というメッセージを、高田少年は100%の純度で受け入れた。

中学2年生の時、彼はついに本物のアントニオ猪木が出場する試合のチケットを手にすることができた。なけなしの5000円で購入したチケットを握りしめ、横浜文化体育館で髙田が目にしたのは、遠い憧れを手の届く目標に変える文言だった。

君もプロレスラーになれる!

それは、会場で販売されたパンフレットに掲載されていた新日本プロレスの練習生を募集する記事広告だった。

以来、少年の関心、好奇心、目標、生活、そのすべてはプロレスラーになるために捧げられた。プロレスラーになるための自主トレーニングをするために、彼は義務教育にも背を向けた。幸か不幸か、小学3年生の時に彼の母親は出奔してしまっており、男手ひとつで兄弟を育てていた髙田の父親は、自分が仕事に出ている間に息子が何をしているか把握するまでは手が回らなかった。

アントニオ猪木がヒンズースクワットの重要性を説いていると聞けば、1日1000回以上のスクワットを己に課した。アントニオ猪木が身体を大きくするにはひじきと納豆がいいと言っていると聞けば、これでもかというぐらいにひじきと納豆を食べまくった。

ほとんどのクラスメイトが選択する高校進学という進路にも、高田は興味を示さなかった。中学を卒業した彼が選んだのは、ガソリンスタンドでアルバイトをしながら、余った時間に身体を鍛えるというものだった。なぜ中学卒業と同時に新日本プロレスの門を叩かなかったのかといえば、入門の条件として設定されていた基準に体格がまだ達していなかったからだった。

それでも、がむしゃらなまでの情熱は、中学を卒業して2年後、見事に実を結ぶ。最初で最後のつもりで挑んだ入門テストに、ようやく身長が180センチに到達したばかりの痩せっぽちな青年は、見事合格したのである。

17歳の髙田伸彦は、プロレスラーになった。

そこからはあっという間だった。

入門から1年ほどが過ぎた1981年5月9日、静岡県の焼津市スケートセンターでデビューした髙田は、その2年後にはテレビ放映される試合にも起用された。当時の新日本プロレスの選手層の厚さを考えた場合、これは相当に早い出世だった。テレビ朝日の人気アナウンサー古舘伊知郎によって「青春のエスペランサ」というニックネームを与えられた髙田は、数多《あまた》いる先輩レスラーたちを飛び越えて次代のエースとして注目される存在になっていく。

だが、新日本プロレスが敷き始めてくれていた看板レスラーへの道を、髙田が歩んでいくことはなかった。

1984年6月25日、彼は夜逃げ同然の形で合宿所を抜け出した。借りてきたレンタルトラックに荷物を運ぶ手伝いをしてくれたのは、橋本真也という新人だった。抜け出した髙田が向かった先は、以前から設立が囁かれていた新団体「ユニバーサル」だった。

髙田にとって、アントニオ猪木は子供の頃からの憧れだった。1982年からは付き人に抜擢され、目をかけてもらっていると実感する機会も増えてきていた。

だが、猪木に憧れるのと同じぐらい、髙田は強くなることにも憧れていた。そして、痩せっぽちだった自分をスパーリングで鍛え、テレビに映っても恥ずかしくないだけのレスラーに育ててくれたのは、猪木ではなかった。藤原喜明、前田日明といった先輩たちに他ならなかった。

その先輩たちが、ユニバーサルへの移籍を決断していた。

自分を強くしてくれた人、これからも強くしてくれる人たちが、新日本プロレスからいなくなってしまう。

髙田は、憧れの人に寄り添うより、強くなることを選んだ。

第一次ＵＷＦ（ユニバーサル）から第二次ＵＷＦ、さらにはＵＷＦインターナショナル。それから10年あまりの間に、高田は３つの新団体設立に参加し、師匠として心酔していた藤原、兄と慕っていた前田とも決別して作ったＵＷＦインターナショナル（以下、Ｕインター）では社長を務めた。

出会いと決別を繰り返した10年間で、高田の顔つきは変わった。裏切られたこと、裏切ったと思われても仕方のない立場に追い込まれたこと。これまでに積んだ様々な経験が、そこで味わってきた苦みが、彼の表情に陰影を刻むようになっていた。

負の感情を呼び覚ましてしまうスイッチは、もはやどうやっても取り外せなかった。

スイッチ――地雷を埋め込んだのは、高田自身だった。

なぜ彼はアントニオ猪木に憧れたのか。なぜ新日本プロレスの門を叩いたのか。

強くなりたいから、だった。

なぜ地獄のようなスパーリングに耐えたのか。なぜ大恩ある憧れのアントニオ猪木に背を向け、藤原や前田たちと行動をともにしたのか。

やはり、強くなりたいから、だった。

新日本プロレスを離れても、高田の心にはいつも新日本プロレスのエンブレムがあった。ライオンをモチーフとし、英文で「KING　OF　SPORTS」と綴られた紋章は、新日本プロレスが抗争の相手となってからも、彼にとって特別な意味を持っていた。

プロレスを、スポーツの王にしたい。

誰もが認める、絶対的な王者にしたい。

新日本プロレスのエンブレムには、髙田が求めるものが完璧に刻まれていた。

彼は、シンバになりたかったのである。

様々な別れや裏切りを乗り越え、ついに『ライオン・キング』となった、ディズニーアニメやブロードウェイ・ミュージカルの主人公シンバに。

その思いが、その強すぎる思いが、髙田の心に地雷を埋めた。

プロレスラーになるためのトレーニングが、ライオンに近づくためのものであることに、髙田は何の疑いも持っていなかった。どんなスポーツ、どんな格闘技と比較しても、自分たちのやっていることが一番厳しく、苦しいという確信もあった。

だが、プロレスラーとしての戦いは、ライオンたちがするものとはまるで違っていた。

狩りに臨むライオンは、数分、数十分先に待ち受けている運命を知らない。首尾よく成功する可能性もあれば、無残に獲物を取り逃す可能性もある。襲う相手の戦闘力次第では、自分が深手を負う危険性とてある。狩りの失敗が続けば、待っているのは餓死という哀れな末路しかない。

「プロレスは闘いである」

アントニオ猪木は常々そう口にしていたが、プロレス界には〝自流試合〟と〝他流試合〟があるという。他流試合とは文字通り、流派の異なる者同士が戦う試合のことだが、負ければ失うものが大きすぎるためか、ほとんどが自流試合で占められていた。そして、若かりし頃の髙田を逆上させる場面があった。それはたとえば酒の席でぶつけられることんな一言だった。

「どうせプロレスなんてやらせだろ？」

耳に飛び込んできたら最後、酒の入った髙田の感情は制御を失うのが常だった。

「プロレスなめんなよ！」

そう凄みながら、相手に詰め寄っていく。あとのことは……。「インターネットの発達した時代であれば、俺たちは早い段階で選手生命を絶たれていたかも」というのは寺尾の言葉である。

髙田と寺尾が意気投合するようになったのも、もしかすると、互いに同じような地雷を抱えていたことに原因があったのかもしれない。髙田たちプロレスラーほどではないにせよ、相撲取りたちも「やらせだ」と疑いの目を向けられることが珍しくないからである。酒の入った寺尾もまた、土俵に上がるための汗と涙を否定してくる輩は放っておかない質だった。

だが、30歳を超えた髙田を苦しめたのは、熱狂的なファンの、無垢な視線だった。

Uインターは、プロレス最強を旗印に、プロレスの素晴らしさ、面白さも伝える。髙田たちはファンにそう訴え、ファンはそれを信じた。だが、どれほどいままでのプロレスとは違った要素を盛り込もうとも、自分たちのやっていることがほとんど身内同士による自流試合だということは、他ならぬ髙田自身が一番よくわかっていた。もちろん、この頃の髙田は、突き詰めていけば自分を昇華させるに値する自流試合が数多く存在していることに気づいてはいたが、それがゆえに髙田はさらに一層、その内なる矛盾と葛藤せざるをえなくなっていた。

プロレスの敵は、髙田を激昂させた。プロレスの味方は、髙田を疼かせた。

心の休まる時が、彼にはなかった。

問題は、それだけではなかった。

髙田が社長を務めるUインターは、熱狂的な信者を獲得する一方で、安定した経営基盤を築けずにいた。次第に借金は膨らんでいき、何らかの手を打たないと運営が行き詰まるのは確実、という状況にまで追い込まれた。

そこでUインターの経営陣の一角である鈴木健と安生洋二は次から次へと斬新な、一歩間違えれば愚手になりかねない手段に打って出た。

まずやったのは、フジテレビからオファーが来ていたスポーツ番組のメインパーソナリティを、髙田に引き受けさせることだった。話が来た段階では「無理。絶対無理」と全面拒否した髙田だが、自分の露出が増えることがUインターにとっての起爆剤となる、という口説き文句に、最終的には抗えなくなった。

これまで、ほとんどの、いや、ほぼすべての試合を自流試合としてリングに上がっていた髙田が、Uインターにおいて初の他流試合を闘ったのが、1991年12月22日、Uインターの興行として両国国技館で行われたボクシング元世界チャンピオン、トレバー・バービックとの一戦だった。

試合前のスパーリングで肋骨を2本折っていた髙田は、「同じ箇所にパンチを受けたら即死しかねない」というドクターストップを振り切り、この一戦に臨んでいた。ローキックで相手を戦意喪失に追い込んだこの試合の、それまで味わったことのなかった緊迫感、充実感を、髙田は忘れられなかった。それゆえ、テレビのキャスターになってくれという仲間からの無茶なリクエストを飲んだ。

Uインターがなくなってしまったら、ああいう試合をする場がなくなってしまう。それだけは避けなければ。たとえ一時的にレスラーとしての実力が落ちることがあったとしても——そう考えたからだった。

1994年4月2日、深夜0時15分から髙田と女子バドミントン界のアイドルだった陣内貴美子がパーソナリティを務める新番組『スポーツWAVE』は始まった。90分間の生放送が終わると、髙田はすぐに羽田空港に隣接した東急ホテルまでタクシーを飛ばした。翌日は大阪城ホールで山崎一夫との試合が組まれていたからである。

放送前日は緊張のあまり、そして放送直後は興奮が醒めやらず、髙田はまったく眠ることができなかった。回を重ねるにつれ、緊張と興奮の度合いは小さくなっていったものの、オンエアの翌日ほとんど睡眠をとらないまま試合に出場するというパターンは、髙田とUインターにとって珍しいことではなくなっていった。

だが、髙田の知名度が上がっても、Uインターの苦境は変わらなかった。

鈴木と安生が次に提案してきたのは、「国会議員になってくれ」というリクエストだった。髙田の知名度を利用して議席の獲得を目論む「さわやか新党」の思惑と、社長が国会議員になれば何かが変わるはず、と考えたUインターフロント陣の考えが一致したがゆえのリクエストだった。

さすがに強烈な拒否反応を示した髙田だったが、周囲はあの手この手を使って説得してくる。何度断っても、そして何度その決断を伝えても、相手は諦めなかった。結局、妻の猛烈な反対があったにもかかわらず、髙田は出馬を決断してしまう。

結果は、惨敗だった。

過酷な選挙戦を経験し、文字通り心身ともにボロボロになってしまった髙田だったが、依然、Uインターの社長でありプロレスラーであることに変わりはない。たとえ、実際は到底リングに上がれるような肉体的、心理的な状態でなかろうが、である。

疲弊しきった33歳に提案された次なる奇策が、新日本プロレスとの全面対抗戦だった。バービックとの一戦しかり。相撲の元横綱・北尾光司（双羽黒）との一戦しかり。この決断に至るまでにも、彼らは要所要所で世間の耳目を集める大きなイベントを開催し、それなりの収益を挙げてきてはいた。だが、新日本プロレスのような老舗ではなく、また地上波で放映してくれるテレビ局もついていない彼らにとって、団体を運営していく上での命綱はチケットの売り上げのみである。

ところが、時々行われる大きなイベントは、一時的に経営を潤してくれた反面、髙田と知名度のある選手との対戦カードが組まれていない通常の興行には客が入らなくなる、という強烈な副作用を伴っていた。

新日本プロレスとの全面対抗戦となれば、ちょっとした宗教戦争にも似た激烈な反応を引き出せるのは間違いない。一方で、そのことによってもたらされる副作用は、いままで苦しめられてきたものをはるかに上回ることも想定された。

1995年10月9日、東京ドームには観客動員の新記録となる6万7000人の大観衆が集まった。高田たちが予想した通り、ふたつのプロレス団体がプライドを賭けた全面対抗戦は、とてつもない熱を呼び起こしたのである。

高田は、メインイベントで同学年の武藤敬司と戦った。

お互いの団体の誇りを賭けた対抗戦ではあったが、これも自流試合の延長であることに変わりはなかった。

それでも、新日本側には不安があったという。高田が、プロレス界に存在する〝一線〟を越えてしまうのではないか。そんな噂が囁かれていたからである。

確かに、高田には前例があった。北尾との一戦で、一連の交渉で元横綱のプロレスに対する侮蔑を強く感じ取っていたキング・オブ・スポーツの信奉者は、渾身の力を込めたハイキックを北尾のこめかみに叩き込み、ノックアウトしてしまったのである。

新日本プロレス側が恐れたのは、その再現だった。

それは、あながち見当違いな不安でもなかった。

リングへ向かう花道を歩きながら、リングに上がってガウンを脱ぎながら、そしてゴングを聞いて武藤と向かい合ってもなお、髙田の中にはある衝動が蠢いていたからである。

〝越え〟ちまおうかな——。

ここで武藤を倒せば、Uインターと自分こそがキング・オブ・スポーツ、キング・オブ・プロレスだと満天下に示すことができる。きっと、すっかり忘れかけていた胸のすくような思いを、存分に味わうことができる。

そんなことをすれば大変な騒ぎになることは、十分にわかっていた。けれども、それでもかまわないと内なる自分が囁くほどに、この頃の彼はすべてにおいて投げやりになっていた。

だが、結果的に髙田は負けた。武藤にドラゴンスクリューから4の字固めを極められた上での、ギブアップだった。

その瞬間、三塁側のダッグアウトに陣取っていた新日本プロレスの幹部は、髙田はちゃんと役割を果たした！　と言わんばかりに喜んでいたという。

ではなぜ、髙田は一線を越えなかったのか。内なる衝動に身を委ねなかったのか。

武藤に対する感情的なしこりが皆無だったから、だった。

同じ釜の飯を食った時期は短かったが、髙田と武藤は同学年であり、タッグを組んで

1987年に行われたジャパンカップ争奪タッグ・リーグ戦に出場している。お互いにベロンベロンになるまで飲み歩いたことも一度や二度ではない。

自分と同じプロレスの世界に生き、そしておそらくはプロレスの世界に生きる者ならではの苦悩と向き合ってきたであろう男に、北尾にしたのと同じ仕打ちをすることが高田にはできなかった。

もうひとつ、カネの問題も無関係ではなかった。

新日本プロレスとの対抗戦は、10月9日の1回だけでなく、2回、3回と継続して行われていくことが決まっていた。高田対武藤戦の結果を受けてその次は、といった具合にシリーズ化していくことになっていた。

ここで一線を越えてしまえば、当然、次はなくなる。

次がなくなれば、Uインターが借金を返済する道は、ほぼ断たれる。

プロレスラーとして、Uインターの社長として、高田は約束を守ることにした。

その結果――。

彼が子供の頃から大切にしてきた何かが、この日、死んだ。

大切にしてきた何かによって、殺された。

高田が名古屋のラウンジで広島カープの選手と出会い、久しぶりに負の感情をかきたてるスイッチの存在を忘れることができたのは、４の字固めで敗れた日から約８カ月後の出来事だった。

寺尾と高田が巻き起こした酒の暴風雨は、あたりにいた者すべてを巻き込んだ。

それは、愛知県名古屋市に本社を置くテレビ局の子会社「東海テレビ事業」の若手社員だった榊原信行も例外ではなかった。

バブル期を経験しているマスコミの人間としては珍しく、普段の彼はほとんど酒を飲まなかった。だが、この日初めて出会った格闘家たちは、飽きることなく出席者との乾杯を繰り返した。

一般人に比べれば酒豪の多いプロ野球の世界の人間でさえ、驚愕するほどの飲みっぷりに、酒に対する免疫のない榊原がついていけるはずもない。

後になって、彼は不思議に思ったことがある。

なぜ、あの日の自分は、意識を失わなかったのだろう？

失っていても当然の酒量を、強要されていたにもかかわらず。

髙田延彦がこの世に生を受けてからおよそ1年7カ月後の1963年11月18日に生まれ、知多半島東海岸の中部に位置する愛知県半田市で榊原信行は育った。

愛知県立半田高校ではサッカー、愛知大学ではウィンドサーフィンに熱中した彼が、社会人になってやりたかったのは「祭り」だった。

「子供の頃、ボーイスカウトをやってた影響なのかなあ。漠然と、とにかくみんながひとつの場所に集まってワーッて盛り上がることを企画するのが大好きで、どうせ社会人になるんだったら、そういう場を作りたいなって思ったんですよ」

彼が大学を卒業しようとしていたのは、日本経済がバブル期にまさに突入せんとしている時期である。多くの学生が、就職とは「させてもらうもの」ではなく「してやるもの」と勘違いしていたぐらい会社選びが容易な時代だったが、榊原が憧れた「祭りを作る側」の会社に入るのは、簡単なことではなかった。

たとえば大手の広告代理店。たとえば首都圏もしくは大都市のテレビ局。

そこに入りさえすれば何とかなる。そう考えて片っ端からエントリーシートを提出した榊原だったが、結果は無残なものだった。

全戦全敗。

電通。博報堂。アサツー ディ・ケイ。大広。アイアンドエス。東急エージェンシー。

中京テレビ。中部日本放送。そして、ＮＨＫ。

　ほとんどの会社は、送られてきた榊原からの履歴書をそのまま不採用の箱に放り投げただけのようだったが、１社だけ、採用か不採用か、ギリギリまで判断を引っ張った会社があった。

　愛知県名古屋市に本社を置く、フジテレビの系列局「東海テレビ放送」である。

「どういうわけか、ここだけ最終選考まで残れたんですよ。あとは、面接どころか書類選考、２次選考の段階でハネられてたところがほとんどだったのに」

　他の会社からは早々に「不採用」の通知が届いている。ここで落ちたらもうあとはない。背水の陣で臨んだ榊原だったが、数日後、家のポストに届いたのはまたしても「不採用」の通知だった。

　自分なりの手応えを感じていただけに、ショックは大きかった。だが、大きすぎたショックと、どうしても祭りを作る側に回りたいという強い思いが、無名の大学４年生だった榊原に思わぬ勇気を与えた。

「アポなしで東海テレビの受付に押しかけて、就職試験を受けたこういう者ですけど、人事部の方をお願いできますか？　なぜ落ちたのか、なぜダメだったのかを教えてもらえませんか？　ってやったんです」

なにしろ、アポなしである。受付が取り合わないか、取り次がれた本人が居留守を使っていれば、そこで榊原の冒険は終わっていた。ところが、受付は前のめりで訴えてくる大学生を取り次ぎ、取り次がれた側は面倒くさがらずに受付まで下りてきてくれた。

「確か、山川さんという人事部の方だったと思います。その方が東海テレビの9階まで連れていってくれて、そこで話を聞いてくれたんです。必死で自分の思いの丈を伝えましたよ。どれだけ自分がこの会社に入りたいか、どれだけこの会社に入ったら貢献できるかって。実は、一番行きたかったのは、早々に落とされた中京テレビだったんですけどね」

就職希望者が殺到するテレビ局の採用担当者からすれば、目前にいる愛知大学4年生が振るう熱弁は、多くの学生がいけしゃあしゃあと口にする常套句、手垢のついた美辞麗句と大差がなかったはずである。ただ、不採用を告げられた後、わざわざ会社まで乗り込んでくる学生となると、そうはいなかったということなのだろう。担当者は榊原の言葉に静かに耳を傾け、最後にこう言った。

あなたの思いはわかりました。上にも伝えておきますね。

1週間後、榊原の自宅に手紙が届いた。

「東海テレビ放送としては採用できないけれど、東海テレビ事業という会社の方で社員を募集することになりました。榊原君はイベントをやりたいようだし、もしやる気があるようだったらもう一度面接を受けてみないか。そんな感じの手紙でした」

もちろん、やる気はあった。喜び勇んで再試験に臨んだ榊原は、役員10人から1時間ほど質問を浴びまくる、という難関も突破し、見事、東海テレビ事業の社員となった。

「入社して最初の研修で配属されたのは、商事部でした。商事部っていうのは、テレビショッピングをやってる部署で、昼間や深夜の時間帯に指輪を売ったりする通信販売の走りでした。次に映像事業部に研修として配属され、東海テレビで作った番組や中日ドラゴンズの優勝までの軌跡をＶＨＳのビデオにして販売したりとか。そうそう、映画会社の東映が作ったビデオを中部地方で販売する権利も持ってたので、それを売ったりとかもしてましたね。その後、正式に事業部へ配属されました」

初任給は15万円程度だった。時代がバブルど真ん中だったことを思えば、決して高いとはいえない額だが、榊原に不満はなかった。

「証券会社とかに就職してたらもっと給料はよかったんでしょうけど、ま、こんなもんだろうなって感じでしたね。福利厚生はしっかりしてたし、社員食堂は食券をもらえるので実質的にはタダ。あと、残業代がしっかりつくんですよ。それも、自己申告制で。タイムカードというものがないので、今日は夜の7時から10時まで残業やりましたって申告しておけば、それでオッケーだったんです」

会社と仕事に慣れてくると、やりたいこと、やってみたいことが次から次へと出てきた。彼は上司に企画を提案し続け、その中のいくつかは東海テレビ事業にとってとても大きな利益をもたらすイベントへと成長した。

夏のビッグイベントとして楽しみにしている愛知県民も多い、知多郡美浜町の小野浦海水浴場を会場とする「美浜海遊祭」は、まだ若手社員だった頃の榊原が立ち上げた企画のひとつである。ウィンドサーフィンを愛し、祭りを愛し、人を集める仕事がやってみたかったという男にとっては、やりたかったことすべてが詰まったイベントでもあった。

美浜海遊祭が軌道に乗ったことで、榊原は会社から一定の裁量権を委ねられるようになった。いってみれば、ある種のフリーハンド。会社側が、榊原がやってみたいことであれば、と認めるようになったということである。

「いろいろやらせてもらいましたよ。岐阜県にダイナランドというスキー場があるんですけど、そこを使って『ダイナランド・スノーフェスティバル』っていうチャラいイベントもやりました。各大学のミスコン代表者を集めて、そこでナンバーワンの中のナンバーワンを決める。で、それを東海テレビで番組化する。あるいは、東海テレビ全体でやる文化的なクラシックのコンサートとか、ちょうどぼく自身がゴルフを始めた時期でもあったので、ゴルフのイベントを企画して、ついでに自分もゴルフ場に行っちゃおう、とか」

好きこそものの上手なれ、という言葉があるが、祭りを作りたい一心でこの業界にもぐり込んだ榊原にとって、仕事と遊びは極めて近しい関係にあった。純粋に自分自身がやりたい、やってみたいという企画に、社会人として身につけたスキルで肉づけをしていく。残業時間は長くなる一方だったが、そのことによるストレスを感じることはなかった。

入社して7年目、彼は仕事で知り合ったアイドルグループのマネージャーから、ある格闘技イベントが東京で人気を集めつつある、という話を聞かされる。

K－1というイベントだった。

「1994年3月。東京の日本武道館。そのマネージャーの方のつてでリングサイドで観させてもらったんですが、まあ凄い迫力でした。ヘビー級の選手たちのどつきあいですからね。正直、これってキックボクシングと何が違うんだろう、とか、キックパンツってどうなんだろうとか、いろいろ思うところがないわけじゃなかったんですけど、それ以上に衝撃の方が大きくって」

初めて観たK－1に強い衝撃を受けた榊原は、このイベントを名古屋に招致すべく動き出す。彼には勝算があった。

「ぼく自身が愛知県の出身なのでよくわかるんですが、愛知の人、名古屋の人っていうのは流行りものに弱い。K－1が名古屋に初上陸、みたいなうたい文句でいけば、おそらくはやれるんじゃないかな、と」

やると決めたらすぐに動く。不採用を通知してきたテレビ局をも動かした行動力には、いよいよ磨きがかかっていた。

「まずは角田さんに会ったのかな。その上で、石井館長にご挨拶に行ったように記憶してます。名古屋のテレビ局の者ですが、ぜひ名古屋でやらせていただけないか、と。そうしたら、びっくりするぐらいあっさり『いいよ、前向きに考えよう』とおっしゃっていただいて」

K－1の創始者でもある石井和義とその右腕とされた角田信朗との関係を築いたことで、事態は劇的な進展を見せた。9カ月後の12月10日、名古屋レインボーホール（現日本ガイシホール）に9550人の観衆を集め、「K－1LEGEND乱」と銘打たれた大会が開催された。K－1との出会いから9カ月で、榊原は本当に大会を名古屋に持ってきてしまったのである。

第5試合ではアンディ・フグがロブ・ファン・エスドンクを左の拳で鮮やかにKOし、第6試合のセミファイナルでブランコ・シカティックがアーネスト・ホーストを、第7試合となるメインイベントではサム・グレコが佐竹雅昭を、それぞれ強烈な右の拳で沈め、大盛況のうちに幕を閉じたこの大会は、K－1として初めてとなる地方都市での開催だった。

「名古屋ローカルで地上波放送をして、その視聴率は5％か6％ってところだったかな。まあ悪くないってぐらいだったんですけど、チケットが本当によく売れてくれたんで、収支は爆発的によかったんです」

記録上は第7試合がメインイベントということになっているこの大会だが、実際には計8試合が行われた。どういうことかといえば、ヘクター・ペーナ対ハンマー松井の第1試合の前に、パトリック・スミス対キモという「特別試合」が行われていたのである。それは、金網の中で行われた、当時でいうところのアルティメット・ルールに則った一戦だった。

「石井館長は時代の流れとかを敏感に読み取る方でしたから、1993年に生まれたUFC（アルティメット・ファイティング・チャンピオンシップ）に早い段階から注目していたんだと思います。で、他がやらないんであれば、K－1でやっちゃえ、と。『バラちゃん、これ、わしからのクリスマスプレゼントやから』と言って、わざわざ第1試合の前に金網をリングの外側に組んで、UFCさながらにやったんです」

この試合、バックマウントからパンチの雨を降らせてTKO勝ちすることになるキモは、名古屋にやってくる3カ月前、当時UFCで無敗だったホイス・グレイシーをあと一歩のところまで追い詰めた実力者だった。

だが、石井館長からのせっかくの贈り物を、榊原は楽しむことができなかった。

「ぼくだけじゃなく、あの時の名古屋で、あの競技を理解できる人はほぼいなかったと思います。衝撃は凄かった。でも、バイオレンス感がハンパじゃない。洗練され、完成されつつあったK－1とは対極に位置するというか、あまりにハードコアすぎて、少なからず嫌悪感を覚えてしまったぐらいでした」

この時点における榊原に、後に総合格闘技あるいはMMA（ミックスド・マーシャル・アーツ）と呼ばれることになる世界へのシンパシーはまったくない。

「子供には観せたくない試合でしたね。金網があることで、物凄くバイオレンスな感じが増す。まあ、それがUFCの狙いでもあるんでしょうけど……。実は、この試合だけ『禁断の果実』というタイトルで『格闘技通信』がビデオで発売してるんです。その中でK－1の選手にインタビューをしてるんですが、『こんな野蛮な競技は競技として成立しない』とか『自分たちは認めない』とか、否定的なコメントばかりなんですよ。この時点では、ぼくも同感でした」

榊原が、日本人が総合格闘技の魅力に目覚めるには、まだふたつの要素が不足していた。

時間と、起爆剤である。


結果的には大成功に終わった興行を手がけてみて、K－1にはこれまでやってきたイベントと大きく違う点があることに、榊原は気づいた。海水浴場やスキー場になくて、レインボーホールにあったのは、観客が発する原始的かつ爆発的な熱量である。

翌1995年、東海テレビと榊原はK－1の軽量版ともいうべきK－3グランプリという大会を夏に、年末にはK－1ヘラクレスという大会を名古屋で開催する。この時の収益は前年には及ばなかったものの、K－1自体の人気はうなぎ登りに高まっていった。

そんな時だった。

「10月9日、東京ドームで新日本プロレスとUインターの全面対抗戦があった。6万7000人が入った。6万7000人ですよ！　それほどとてつもない集客力のあるイベントなのであれば、何とか名古屋に持ってこられないかな、と思ったんです」

Ｋ－１の興行に携わっているうち、榊原には格闘技、プロレス関係の人脈が育ちつつあった。その中の一人に、鈴木健という人物がいた。もともとは髙田延彦のファンクラブ会長だった鈴木は、Ｕインターの発足を機にフロントの核となり、社長という肩書を背負う髙田を陰になり日向になり支え続けた男である。

その鈴木から、榊原に電話が入った。

「Ｕインターが持ってる全面対抗戦の興行権を買わないかっていう電話でした。新日本が興行を打つ時は新日本に興行権があるけど、Ｕインターの興行の時はこっちに興行権があるから、名古屋大会の権利、買ってくれないかって。新日本からもＵインターからも目玉選手は出るって話だったので、それはぜひやりたいなあと」

Ｋ－１を名古屋に持ってきたことで、社内における榊原の立場、発言力は以前よりも明らかに強くなっていた。

「あの当時、Ｋ－１は本当にチケットが取りにくくなってましたから、そんなイベントに関わってる榊原は凄いな、みたいな感じは確かにあったと思います。そういう空気が、さらにいろんなことをやりやすくしてくれて、Ｕインターと新日本の対抗戦をやろうと提案した時も、誰からも反対はされませんでした。榊原がやるんだから、また人は入るんじゃないのって」

社内からの反対はなかった。ただ、いささか調子に乗っているように見える榊原に苦言を呈した人間がいなかったわけではない。

石井和義である。

「K－1の仕事やってるのに、他のものをやるのはどうなのよって。バラちゃんはK－1をやってることに誇りとこだわりを持ってくれてると思ってたのになあって」

内心では、石井の言葉に深く頷く榊原だった。

「石井館長の立場であれば、当然そう思いますよね。K－1という立ち技のトーナメントに関わってる人間が、一方でプロレスもやろうとしてる。なんだ、K－1もプロレスも一緒かよって思う人は必ず出てくる。館長からすれば、不愉快な話ですよ」

とはいえ、榊原には榊原なりの事情もあった。

「K－1に対する愛着や石井館長へのリスペクトがなかったのかといわれれば、そんなことはない。もちろんある。強く、ある。でも、名古屋のテレビ局の事業マンとしては、年に1回、あっても2回しか名古屋での興行がないK－1だけでは食べていけませんから、いろんなものに食指を動かしていかなきゃならない。なので、石井館長には手紙を書きました」

自分の気持ちはあくまでもK－1にある。けれども、東海テレビとしては新規事業を立ち上げる必要がある――そんな内容の手紙だった。精一杯の思いを込めた手紙が奏功したのか、苦言を呈してきた石井館長との関係がそれ以上悪化することはなかった。

この頃の榊原は、あくまでも東海テレビ事業の社員だった。

「ああいう仕事をしていると、イベントをやっているうちに連帯感が芽生えてきて、じゃあ一緒に会社でもやろうかってなるパターン、結構あるんですけど、ぼくの場合は東海テレビ事業を辞めようとか、軸足を完全に格闘技の方に置こうとか、そういう発想は間違ってもなかったですね。会社の看板あっての自分だと思ってました」

K－1は仕事のワン・オブ・ゼム。Uインターとの仕事もワン・オブ・ゼム。熱中はしつつも、それが名古屋の若きヒットメーカーと見なされつつあった男の仕事のスタンスだった。

ただ、自分を信頼してくれていた石井の不興を買ってまで手に入れたUインターの興行は、成功とは言い難い結果に終わった。

「最初の話はUインターが主催する新日本プロレスとの全面対抗戦ということだったんですが、一向に対戦カードが決まらない。いまから思えばそれも当然で、フジテレビ系列の東海テレビが番組を作ろうとしている大会に、テレビ朝日でレギュラー番組を持ってる新日本の選手がそう簡単に出られるはずがない。結局、新日本の選手はほとんど誰も出てこずで、とても対抗戦という雰囲気ではなく、Uインターの名古屋大会にスペシャルゲストが何人か出てきた、みたいな大会になっちゃったんです」

幸い、この程度の失敗なら問題にならないぐらい、社内における榊原の立場は安泰だった。とはいえ、盛り上がらないままメインイベントが終わった時、漠然とではあるが彼は感じていた。

この人たちと仕事をすることは、もうないだろうな。

だから、Uインターの社長でもある髙田延彦と、打ち上げをかねて食事に出かけたのは、単なる社交上の礼儀以外の何物でもなかった。

そこに寺尾が加わり、食事を終えて移動した次の店に広島カープの選手たちがいて、酒宴がとんでもない盛り上がりを見せるなど、榊原信行はまるで予想していなかった。

まるで。

一時的ではあるにせよ、溜まりに溜まった鬱憤が消えていくような楽しい酒だった。いつもの髙田であれば、自分で自分がコントロールできなくなるまで痛飲し続けたことだろう。

この日の彼は、違った。

西山たちを驚愕させた酒の量に関していえば、いつもとほとんど変わらなかった。だが、この日の彼は酔わなかった。いや、もちろん相応に酔いは感じていたのだが、心の中に1カ所、不思議なぐらい素面な部分が残っていた。

自分より1歳年下になる、榊原信行というサラリーマンに対する興味が、素面を保たせていた。

「いつの段階だったかなあ、ウチの健ちゃんだったたか営業の人間だったか、『いい報告があります！』って喜び勇んで飛んできたことがあったんだ。『名古屋でK−1を担当してる会社が、今回の名古屋興行に全面協力してくれることになりました！』って」

飛ぶ鳥を落とす勢いで人気を拡大しつつあったK−1は、当時の髙田にとって羨望の的でしかなかった。

「こっちは地上波の放送がない中、四苦八苦しながらやってる。それに比べてK−1にはフジテレビがついてるし、スポンサーは日清食品だったからね。スポーツ新聞、テレビもこぞって取り上げるようになってた。そういうところに関わってる会社が、Uインターを応援してくれる。力を貸してくれる。心強い、ありがたいっていうのが率直な感想だったかな」

当初は1995年10月9日に端を発した新日本プロレスとの全面対抗戦を名古屋で、

というのがUインター側の目論見だったが、新日本側との調整がうまく進まなかったため、興行は当初の思惑とはだいぶ違ったものになってしまった。

それゆえ、肩すかしを食らった形になった榊原は密かに「この人たちと仕事をすることは、もうないだろうな」との気持ちを固めていたのだが、髙田がそんなことを知るよしもない。興行が終わるとすぐ、彼は榊原に声をかけた。

「打ち上げでもしませんかってね。ま、ナンパみたいなもんかな。こっちとしては、あの若さでK－1を担当しているってのはどういう人間なんだろうっていう、純粋な興味があったし、俺らがK－1みたいな存在になるためにはどうしたらいいのか、上にのし上がっていくためには何をすべきなのか、そういうことも聞いてみたかったから」

髙田は、名古屋場所のために前乗りしていた寺尾に声をかけた。いくら何でも初対面の人間と1対1は気まずい。どれほど東海テレビ事業の若手社員がやり手であったとしても、人間として馬が合わなかったら目もあてられないことになる。気心の知れた寺尾が同席してくれることになったのは、大いに心強かった。

おまけに、2軒目のラウンジに広島カープの選手たちがいたことで寺尾のテンションは一気に上がり、それに連鎖する形で髙田のテンションも跳ね上がった。

「こっちも試合が終わった後でアドレナリンは出てるから、いつも以上にF1みたいな飲み方になっちゃったんだけどね。最初からブワーッてぶっ飛ばして。もちろん、カープの選手だけじゃなく、バラちゃんにも分け隔てなく」

まだインターネットは社会に浸透しておらず、SNSなどは生まれてさえいなかった。写真週刊誌にさえ気をつけておけば、著名人がハメを外すことはさほど難しくない時代だった。

ゆえに、名古屋のラウンジで髙田たちはハメを外すことができた。

「いまではまず許されないことだと思うんですよ。でも、あの時代は全員がパンツ一丁になって飲むなんて無茶が許されて、パンツ一丁になってひたすら酒を飲んだことで、あの場にいたみんなの気持ちがひとつになった。西山さんにしても正田さんにしても、それからバラちゃんにしても、普通だったら乗り越えられない壁みたいなのを乗り越えて溶け合うことができた。それが大きかったよね」

普段は酒を飲まない者からすると、悪夢にも近い飲み会だったはずだが、弱いながらも場の空気を乱すまいと服を脱ぎ、必死に飲み続ける榊原に髙田は好感を抱いた。

時計の針は深夜というよりもあと何時間かすれば空が白んできそうな時間帯に差しかかりつつあった。西山たちは撃沈寸前の態で酒場をあとにし、早朝6時から稽古のある寺尾もそろそろ席を立とうかということになった。

酒宴は、ようやくお開きになった。

寺尾は一人でタクシーに乗り込んだ。高田は、榊原が手配したタクシーでホテルまで送ってもらうことになった。Uインターの大会に東海テレビ事業が関わっていたことを考えれば、ごく自然な流れである。

高田は、出会ってから初めて、榊原と二人きりになった。

ほどなくタクシーは最初の目的地である高田が宿泊しているホテルに到着した。ここで高田は下車し、タクシーは残された榊原を彼の自宅まで運ぶ予定だった。

タクシーの自動ドアが開いた。考える間もなく、高田の口から言葉が飛び出していた。

「バラちゃん、もう少し飲もうよ」


そこに高圧的な空気があったわけではまったくない。そして、榊原信行という人間が摂取できるアルコール量の限界は、とうの昔に超えてしまっている。

にもかかわらず、高田からの誘いを榊原は拒まなかった。

拒めなかった、のではなく、拒まなかった。

「何でなんでしょうねえ。まだ高田さんの側に遠慮があったのかなあ。というのも、相当に、目茶苦茶に飲まされはしたんですけど、あの日の酒っていうのは、その後のお付き合いで飲まされるほどには無茶じゃなかったですから。あと、自分でもギリギリのところで理性が飛ばないよう、ブレーキはかけてましたし」

だからなのか、彼は倒れなかった。プロ野球選手ですら呆れるほどアルコールを摂取したにもかかわらず、髙田をホテルに送り届けようとする社会人としての理性も、まだ残っていた。

Uインターの社長が宿泊していたのは、それほど広いともいえない、ごくスタンダードなツインルームだった。ベッドに腰掛けた部屋の主は、それまでと変わらないペースでミニバーのアルコール類を消費し始めたが、さすがに、榊原に勧めることはなくなっていた。

取り留めのない四方山話がしばらくは続いた。なにしろ、初めて出会ったのがほんの10時間ほど前でしかない二人である。どんなくだらない話でも、互いの人間性を知るためには必要なことだったのかもしれない。

いつ、どんなタイミングでそれが始まったのか、榊原の記憶は漠然としている。というより、その後に起きたことのインパクトが強すぎて、それ以前の記憶が飛んでしまった、という方がより正確かもしれない。

その瞬間、酔いが一気に飛んだ気がした。

彼がはっきりと覚えているのは、ベッドに突っ伏す形でなかば独り言のように話をしていた髙田の肩が、細かく震え始めたということである。

最強のプロレスラーとも呼ばれた男が、泣いていた。

「嗚咽しながら、言うんです。俺はUインターを愛してくれた人を裏切ってしまった。もう引退したい。でも、ヒクソン・グレイシーかマイク・タイソンと戦ってから引退したいって」

それは、榊原が初めて目撃したプロレスラーとして生きる男の業の深さだった。

「武藤戦の話とかをしたわけじゃない。でも、髙田さんがしてるのは、明らかにそういう話だった。あの試合で武藤に4の字固めで負けたってことは、髙田さんにとって自分でも許せないほどの屈辱だったんでしょうね。自分が、団体が生きていくためにはそれを受け入れざるをえない状況があって、髙田さんは受け入れた。魂を売った。売らざるをえなかった。その辛さや痛み、いろんなものが一気に吹き出してきた感じでした」

曲がりなりにも格闘技、プロレス業界の人脈も広げつつあった榊原である。酔いの吹っ飛んだ頭で改めて考えてみると、あの試合がどれほど衝撃的だったのか実感できた。

「勝負の形をとっている以上、どちらかが勝ち、どちらかが負けるのは当然なんですが、たとえばギリギリで場外から戻れずにリングアウトとか、どちらも傷つかない形でのフィニッシュっていうのがありがちなパターンじゃないですか。よりによって4の字固めでギブアップでしょ？　6万7000人が見守る中で、プロレスに屈するってことを受け入れさせられたわけですから」

だが、榊原の酔いを吹き飛ばしたのは、髙田の涙だけではなかった。

彼には約束があった。

ヒクソン・グレイシー――400戦無敗ともいわれるその男と、榊原は数週間後に会うことが決まっていたのである。

ほんの一瞬の間に、榊原の頭の中では猛烈な葛藤があった。

ここでヒクソンと約束があることを告げるべきか、否か。

答えは、すぐに出た。

いまは、そのタイミングではない。

だから、涙ながらにヒクソンへの思いを吐露する男に、彼はこう言った。

「本当ですか？」

部屋飲みに誘ったのが自分だったという記憶はある。飲んでいるうち、ほぼ初対面に近い榊原にヒクソンへの思いを打ち明けたことも覚えている。

だが、その際に自分が涙したことを、髙田は覚えていなかった。

「わたしさあ、『タイタニック』を観ても泣かなかった人間よ？　3回観て、1回も泣かなかった。空手六段の友人が号泣したって言うんで、あなたがそこまで言うのなら観てみようかって。でも、何度観ても涙なんか出ないのよ。そんなわたしだよ、人様の結婚式でも泣かない人間だよ？　だいたい、ヒクソンがどうこうってこっちが勝手に言い出したことだよ。自分で言い出して、自分で泣いちゃったの？　それはないと思うなあ」

ただ、そんな彼も、思いを打ち明けた直後、榊原が何と答えたかは鮮明に覚えていた。

「本当ですか？　そう言ったんだよ、バラちゃん。『マジですか？』でも『何でですか？』でもなく、すごくあっさりとしたイントネーションで。もしあの時、バラちゃんの言葉にほんの少しでも疑念であったり驚きみたいなニュアンスが混じっていたりしたら、たぶん、そこで話をやめてたと思う」

髙田は話をやめなかった。「本当ですか？」という言葉の先に何かがつながっているような、榊原が何かを飲み込んだような、そんな気がしたからである。

「じゃあ、やりましょうよ！　そんな言葉が出てくるんじゃないかって思ったんだよね、一瞬。結局、出てこなかったけど」

榊原が精一杯の自制心で言葉を飲み込んでいたことを、この時の髙田はもちろん知らない。それでも、自制心を働かせすぎたがために、榊原の「本当ですか？」という言葉には異様なほどの静謐《せいひつ》な気配が漂っていた。

それは、この時のこの場に最も必要な空気だった。

「わたしの中ではさ、ヒクソンとやりたいっていうのは、絶対に口にしちゃいけないことだと思ってたから。一度口にしてしまったら二度とあとには戻れないし、自分の覚悟が中途半端だったら絶対に、ああ、あんなこと言わなきゃよかったってことになる。だからどれだけ飲んでも、どれだけベロベロになっても、誰一人にも言ったことがなかった。心の奥底深い深いところにしまい込んで、ガッチガチに施錠してた。それが、あの時、わたしにとってのヒクソンだった」

長いこと、というより芽生えてから一度も表に出ることなく、地中奥深くで蠢いていたヒクソンに対する思いである。初めて顔を出した地上で、笑いや驚きといった眩しい感情に接していたら、怯えて安全な地中に逃げ帰っていたかもしれなかった。

だが、若くしてK－1の興行に携わっていた東海テレビ事業のやり手社員は、ヒクソン・グレイシーという男の存在を知っていた。まもなく彼と会うという約束も交わしていた。それゆえに期せずして静謐が生まれ、その空気が生まれたがゆえに、ヒクソンに対する髙田の繊細な本音は隠れることなく居残ることができた。

「いまから思うと恐ろしいよね。もしあの時、バラちゃんの反応が違うものだったら、わたしも慌てて本音を引っ込めて、冗談でしたってことで済ませちゃったかもしれない。でも、いろんなことを忘れてるけど、あの瞬間だけは、不思議なぐらい鮮明に覚えてるんだよね。『本当ですか？』と言ってバラちゃんが黙った。わたしはわたしで『どういうこと？』って聞きたいのを、必死になって我慢した。そのやりとりだけは、鮮明に」

その瞬間を最後に、高田の記憶は輪郭を失っている。ただ、あの時の自分が強い安堵感に浸っていたことは、はっきりと覚えている。

「やっと言えた。やっと言える時が来た。やっと言える人が現れた。安堵感だったのか、解放感だったのか、とにかく、溜まりに溜まったものを全部吐き出せたっていうか、すごく静かで穏やかな感情が込み上げてきてたんだよね」

長い夜が終わろうとしていた。

来客を見送った高田は、久しぶりに、本当に久しぶりに安らかな気持ちで眠りに落ちていった。

第二章　始動

なぜ榊原の「本当ですか？」はあんなにも自分の心に響いたのか。その答えを髙田が知ったのは、出会いの翌日、東京に帰って愛車のハンドルを握っている時だった。

「下北沢で、本多劇場の外側にあるバス通りの、1本こっち側にある踏み切り。あそこを突っ切って、坂を登って——よく覚えてるでしょ？　ちょうどその時に、携帯が鳴ったの。いまから思うと信じられないぐらい、バカでかくて四角い携帯が」

日本テレビが『ポケベルが鳴らなくて』というドラマを大ヒットさせたのは1993年のことだったが、わずか3年の間に、時代はポケットベルから携帯電話へと変わり始めていた。

まだ通信状態は不安定で「携帯」というにはいささか大きすぎる嫌いもあったが、所有しているだけで周囲の見る目が変わったのも事実である。Uインター自体は莫大な借金を抱えているのが実状だったが、髙田も花形レスラーであり社長である以上、携帯電話を持たないわけにはいかなかった。

　そして、運転しながらの通話も、当時は禁止されていなかった。髙田は、何のためらいもなく携帯電話の通話ボタンを押した。

　榊原からだった。

「最初はまず、昨日はありがとうございましたとか、そんな話をしたのかな。そしたらすぐに、ところでさっそくなんですけど、昨日の話覚えてますか？　ときたわけよ」

　もちろん、髙田は覚えていた。榊原は知らないだろうが、前日のホテルでした話は、彼にとって一世一代の告白だった。友の笑顔と、酒の力と、榊原との相性と、すべての要素が奇跡的にかみ合ったがゆえにできた、清水の舞台から飛び降りるよりも勇気を必要とした告白だった。忘れることなど、できるはずもない。

「もちろん覚えてます、ヒクソンのことですよね――そう答えたのかな。わたしの記憶の中では、バラちゃんがこう言ったんだ。『2週間後ぐらいに名古屋でヒクソンの写真展をやる話があるんです。本人とも会いますけど、その時、昨日の話をしてもいいですか？』って」

　だからか！　だからだったのか！　上ずりそうになる気持ちを髙田は懸命に抑え込んだ。「本当ですか？」という言葉の後に、何かがつながっているような、榊原が何かを飲み込んだように思えたのは、間違いではなかった。そのことが、はっきりとわかった。

「もしあそこで、わたしが『覚えてないなあ』なんて言ってたら、すべては終わってただろうね。たぶん、バラちゃんは前日のホテルでした話が、酔っぱらいの戯言なのか髙田延彦という人間の本心なのか、測りかねてた部分があったと思うんだ。だから、ホテルの中ではヒクソンのことを言わなかった。翌日、素面に戻ったわたしにもう一度話を聞いてみて、それ次第で動くかどうか決めよう。そう思ってたんじゃないかな」

髙田の推測は当たっていた。その証拠に、前日は「本当ですか？」と聞いてきた男は、受話器の向こうでこう言ったという。

本気ですか？

間髪をいれずに髙田は答えた。

「もちろんです」

歴史が、動き始めた瞬間だった。

声に混じってスポーツカーらしい野太いエンジン音も聞こえてくる。通話が運転しながらであるということは、榊原にもすぐわかった。

ならば、いまの髙田延彦は素面である。

榊原が意を決してぶつけた「本気ですか？」という問いに「もちろんです」との答えが、一切の迷いを感じさせない口調で返ってきた。

それだけではない。

「本気ですし、ぜひ、ヒクソンにもこちらの気持ちを伝えてください。そう言ったんですよ、髙田さん。それで、こちらの覚悟が固まりました」

半信半疑、とまではいわないものの、ほんの半日ほど前に名古屋のホテルで聞いた髙田の言葉を、全面的に信じることはできていなかった榊原だった。あの人は明らかに酔っぱらっていたし、そもそも、ほぼ初対面に等しい自分のような人間に、あんなにも深刻で重要な話を打ち明けるものだろうか、という疑念を捨てきれなかったからである。

だが、髙田延彦は本当に本気だった。理由はわからないが、昨夜の告白は掛け値なしに本心から出たものだったらしい。

となれば、やるしかない。

榊原がまずコンタクトをとったのは、名古屋でヒクソンの写真展を開催することになっていた会社の社長だった。

「エイチ・ツー・オーっていう、展覧会を催したり写真集を出したりするのが得意な会社なんですが、そこからの紹介で、截拳道《ジークンドー》のすべての権利を持ってる中村頼永さんという方を知ったんです」

截拳道とは、若くしてこの世を去ったアジア初のハリウッド・スター、ブルース・リーが編み出したとされる哲学と、それに基づく格闘術のことである。

「その中村さんが截拳道に限らず格闘技全般に精通していて、ヒクソンともつながりがあった。その縁で、エイチ・ツー・オーの池田浩之さんという社長がヒクソンの写真展覧会みたいなのをやろうと」

1994年、バーリ・トゥード・ジャパン・オープンで初来日を果たしていたヒクソン・グレイシーは、1993年にアメリカ・コロラド州デンバーで開催された第1回のUFCで優勝したホイス・グレイシーが「兄はわたしの10倍強い」と公言していたこともあり、一部のマニアの中では早くも神格化されつつある存在だった。そこに目をつけていた人間が身近にいたのは、榊原にとって幸運だったというしかない。

K－1の興行に関わっていたがゆえの、幸運だった。

ただ、いざ高田対ヒクソンの一戦を実現させるために動くことになってみると、榊原にはそれまでK－1やプロレスのイベントに関わった経験があるがゆえの、抵抗感も芽生えていた。

「K－1の時は石井館長。Uインターの時は鈴木健さん。つまり、ぼくには格闘技やプロレスの団体と向き合った経験はあったけど、その先にいる選手と直接向き合うことはやってこなかったんですよ。髙田さんと食事に行ったのも、選手として、ではなくUインターの社長として、のつもりでした。だから、ヒクソンという選手と直接会うってことは、いままで自分がやってきた仕事と違うな、ちょっとはみ出しちゃうなって感じはしてました」

榊原が選手と直接接触することを避けてきたのには、当然理由がある。

「基本、格闘技のこともプロレスのこともまるでわかってない人間でしたからね、ぼくは。だから、選手たちと会ってもどんな話をしたらいいのか、するべきなのかわからないし。これがギャラの交渉をする立場だというのであれば直接会う必要もあったんでしょうけど、当時はそこをしちゃうといよいよ仕事からはみ出しちゃうな、おかしくなっちゃうなというのがぼくのスタンスだったので」

つまり、この頃の彼はあくまでも会社員だった。格闘技やプロレスに惹かれてはいたものの、それはあくまでも東海テレビ事業の社員として、会社に利益をもたらす対象として、あるいは大きな〝祭り〟になりそうな対象として見ていたから、だった。

髙田とヒクソンの一戦を実現させるというのは、誰に命じられたわけでもなく、榊原自身が言い出したことである。抵抗感をエクスキューズに使うことは、もちろんできなかった。

　髙田との初めての出会いから12日後となる7月8日、榊原はエイチ・ツー・オーの池田社長と社員である神田由紀乃とともに、千葉県浦安市にある東京ベイヒルトン（現ヒルトン東京ベイ）へと赴いた。

　ヒクソン・グレイシーからの指定だった。

「この年のバーリ・トゥード・ジャパンにホイラー・グレイシーが出場したんで、ヒクソンはそのセコンドにつくために来日してたんです。会場は舞浜にある東京ベイＮＫホールだったかな。で、自分たちが宿泊してるディズニーランド近くのホテルまで来てくれ、と」

　１９９４年、１９９５年とバーリ・トゥード・ジャパンを連覇したヒクソンは、この年、選手としてではなく弟をサポートするために来日していた。ヒクソンの弟にしてホイスの兄――エリオ・グレイシーの五男とされていたホイラーは、榊原たちがホテルに出向いた前日、修斗ライト級チャンピオンの朝日昇をスリーパーホールドで下している。すでに結束の固さでは知られつつあったグレイシー一族である。弟ホイラーの快勝に、兄ヒクソンが気をよくしていないはずはない。これから思い切った提案をしようとしている榊原にとっては、悪くないシチュエーションだった。

待ち合わせをしたのは、1階にあるレストランだった。日本人らしく約束時間より少し早く到着した榊原たちが席に腰を下ろして待っていると、ほどなくヒクソン・グレイシーと彼の妻キムが姿を現した。

テーブルの通路側の席に榊原たちが、奥側にヒクソンたちが座った。

本来、この会合はエイチ・ツー・オーとヒクソンとの間で写真展覧会について話し合うためのものだった。だが、榊原はいきなり切り出した。

「自己紹介をして、すぐに聞きました。あなたは髙田延彦というプロレスラーを知っていますか？　って」

ヒクソンの答えは「イエス」だった。「ノー」という答えが返ってきた時のために、榊原は髙田のプロフィール的な資料を持ってきていたのだが、ひとまずは無駄になった。嬉しい誤算。榊原は畳みかけた。

「髙田延彦はあなたと試合をしたいという意志を持っているのですが、それは可能かどうかを聞きました」

髙田延彦なんて知らない、と言われた時のための準備はしていた。けれども、試合をする気などない、と言われた時の手駒はない。自分の質問が相手に染み込んでいくまでのわずかな間、榊原は固唾をのんだ。

ヒクソンの隣に座っているキムは、妻であると同時に極めて有能な夫のプロデューサー兼マネージャーだった。二人が顔を見合わせ、頷いた。

「興味がある。そういう言い方でした。もう自分たちはバーリ・トゥード・ジャパンでやってきたレベルの選手、ＮＫホールのようなスケールの会場で試合をするつもりはない、と。次に日本で戦うのであれば、１万人以上入るような大きな会場で、最も注目を浴びる試合にしたいと思っている。だから、有名な髙田延彦と戦うことについては興味がある、と」

その場で飛び上がりたくなる衝動を、榊原は懸命にこらえた。本来、自分は一番の末席にいなければならない立場の人間である。ヒクソンが会う時間を割いてくれたのは、あくまでも写真集や展覧会について話し合うため、だったのだから。

だが、会合を開いた一番の目的だったはずの写真集、展覧会についての説明を聞いているヒクソンたちの興味が、どんどんと自分の持ってきた話に傾いてきていることを榊原は感じた。

「言葉では〝興味がある〟でしたけど、明らかに〝すごく興味がある〟って感じになってました。お金のことも言ってましたね。自分たちがそういうところで戦うのであれば、それに見合ったファイトマネーも必要だということを」

一介のサラリーマンにして、まだこれが会社の仕事になるかどうかすらわかっていない榊原にとって、ヒクソンたちが望むファイトマネーを用意するのは、もちろん簡単なことではない。だが、ヒクソンが髙田との一戦に前向きな姿勢を見せてくれたという事実は、これから先に待ち受けているであろう難関の存在を忘れさせてくれるぐらい、甘美だった。

「まさか、こんないい感触が得られるとは思ってなかったっていうのが、あの時の率直な気持ちでしたから」

ホテルをあとにし、ＪＲ舞浜駅から東京に向かう京葉線に乗り込んでも、榊原の興奮は収まらなかった。後に何台ものマセラティを乗り回すようになる男も、この時は普通に通勤電車を利用するサラリーマンだった。

「池田社長と神田さんと並んで座りながら、いやあ、大変なことになっちゃったなあと、改めて思ってました。どうするんですか、榊原さん、ヒクソン、あれは完全にやる気になってますよ、とか言われて。この際だから実現に向けてみんな動きましょうよ、みたいな話もしたのかな」

これから待ち受けている「大変なこと」の深刻さを、もちろん、この時の榊原は知るよしもない。海千山千のプロモーターでもなし遂げられなかったヒクソン・グレイシーとトップレベルのプロレスラーとの対決。それが実現する。自分の手によって実現する。その驚きと喜びが、彼の全身を満たしていた。

彼は、すぐに髙田に連絡を入れた。

「ヒクソンが興味を持っていると言っていたことを伝えました。髙田さんもすごく喜んでくれて、具体的な日程をどうするか、ファイトマネーのことはどうするか、詰めなければならないことが山ほどあるので、近いうちにまたお会いしましょうって話になったのかな」

対戦相手の同意を取りつけるという大きな山は越えた。ここから先に行くためには、一介のサラリーマンに過ぎない自分、格闘技の世界で生きてきたわけではない自分では限界があることも、榊原はよくわかっていた。

誰かの助けが必要だった。

思い浮かぶ名前が、ひとつあった。

自分たちがどれほど動かそうとしても動かせなかった山が、あっさりと動いた。ほんの10日ほど前に知り合ったばかりの若いテレビマンの驚くべき手腕に、髙田は歓喜し、驚愕し、そして思った。

この男ならば、自分の夢を実現させてくれるかもしれない――。

プロレスラー人生が晩年に差しかかりつつあることを実感していた彼には、数年前から強く意識していた試合があった。

１９９４年12月4日に行われたボクシングのＷＢＣ世界バンタム級王座統一戦、薬師寺保栄対辰吉丈一郎の一戦である。

「一度でいいから、あんな素晴らしい環境の中で試合をやってみたい。試合前から緊迫感のある煽りをして、地上波で凄い視聴率とって、日本中が熱狂したあいう空気感を自分の試合で作り出してみたい。ずっとそう思ってたんだよね」

１９５２年5月19日、後楽園球場に4万５０００人を集めた世界フライ級タイトルマッチで白井義男がダド・マリノに15回判定勝ちを収めて以降、日本では数えきれないほどの世界タイトルマッチが行われてきたが、日本人の世界王者同士によるタイトルマッチとなると、20世紀では薬師寺対辰吉戦が最初で最後だった。

文字通り「世紀の一戦」だったのである。

22歳の時に新日本プロレスを飛び出した髙田には、試合が地上波で放送されることへの強い憧れとこだわりがあった。そもそも、彼がプロレスに憧れるきっかけを作ったのはテレビであり、バックアップしてくれるテレビ局のない新旧のＵＷＦ、Ｕインターを戦いの場としてきたことで、テレビへのこだわりはより強いものになっていた。

薬師寺対辰吉戦の視聴率は、薬師寺の地元愛知県では52・2％、辰吉の地元大阪府では43・8％、関東地方でも39・4％だった。瞬間最高視聴率は65％を超えたとされ、これは1994年10月8日、史上初めて2チームが同じ勝率で最終戦直接対決となったプロ野球セ・リーグの中日対巨人戦（67％）とほぼ同じ。そしてサッカー日本代表がロスタイムにワールドカップ行きのチケットを取り落とした1993年10月28日の〝ドーハの悲劇〟（58・4％）を上回る数字である。

もし自分が、そんな注目の中で戦うことができたら――。

思い描くたびに、鳥肌が立った。反面、自分には無理なのか、という思いを打ち消せなくもなっていた。

榊原信行という男と出会うまでは。

自分たちがどれほど手を伸ばしても届かなかったヒクソンという高みに、榊原はあっさりと到達した。ならば、いまは到底届くとは思えない薬師寺対辰吉戦のような高みにも、連れていってくれるかもしれない。

あるいは、アントニオ猪木対モハメド・アリ戦のような高みに。

行動力はある。実行力もある。その上、テレビマンでもある。榊原に対する髙田の中での期待値は、加速度的に高まっていた。
この頃は。

第三章　柔術

人口1100万人。ブラジル第一の都市サンパウロには、かつて世界最大の日本人街といわれた通称「リベルダージ」がある。「された」というのは、日本人、日系人のブラジルへの同化が進む一方、転入してくる中国人、韓国人が増えたため、2004年、この街は正式に「日本人街」から「東洋人街」へと改名されたからである。

とはいえ、150万人とも190万人ともされる日系人の過半数が住むサンパウロは、日本人、日系人にとって最も溶け込みやすいブラジルの都市であることに間違いはない。

リオ・デ・ジャネイロは違う。

人口およそ600万人。ブラジル第二の都市にしてブラジル最大の観光都市でもあるリオに住む日系人は、わずかに1万数千人。観光客としての日本人は珍しくなくとも、ここで暮らす日本人、日系人はサンパウロとは比べ物にならないほど少ない。

そんな街で、渡辺孝真は育った。

両親は日本人、生まれたのも日本だった渡辺だが、父親がブラジルで事業をしていたこともあり、1972年、生後3カ月でブラジルへ渡る。一家が生活の舞台として選んだのは、英語でいうところのRIVER　OF　JANUARY――リオ・デ・ジャネイロだった。

「いろんな意味でタフな街でしたね、リオは。わたしが子供の頃は、いまよりもっと日本人は少なかったですし、腕時計をもらったら学校まではポケットに入れて持っていって、学校に行ってから腕にはめたりとか、いいスニーカーを買ってもらったら、それはリュックに入れて学校まではボロボロのスニーカーで歩いていくとか、という危機管理が必要な街でしたから」

ブラジルは格差社会である。ひとたびファベーラ（スラム街）に生まれてしまったら、よほどの幸運、よほどの才能に恵まれない限り、そこからの脱出は難しい。真っ当に生きていてもラチがあかないことに気づいてしまった者の中には、望んでも手に入らないものを手に入れるために、荒っぽい手段に走る者が出てくる。恵まれた家庭に育った日本人などは、格好のターゲットだった。

一歩でも家を出てしまえば、守ってくれる者は誰もいない。自分の身は自分で守らなければならない。ナメられないために、自衛のために、彼は空手を始めた。空手こそが最強。空手をやっていれば暴力に屈することはない。幼いながらにそう考えたからだった。

転機が訪れたのは、14歳の時だった。

「あの頃のリオって、14歳ぐらいから入れるクラブがあったんですよ。お酒は出さないんだけど、ディスコみたいに踊れるクラブ。ある日、仲のいい同級生とそういうところに遊びに行ったら、そいつ、セキュリティの黒人とトラブル起こしちゃったんです」

トラブルを鎮圧するために雇われている黒人は、むろん、筋骨隆々の大男である。そうでなければ、用心棒としての役割など果たせるはずがない。

ところが、ケツの青い白人のお坊っちゃまに軽くお灸を据えるつもりだったであろうセキュリティは、組み合ってからわずか数秒後、失神させられていた。

渡辺とさして体格の変わらない、つまりセキュリティの黒人とは比較にもならないほど貧弱な体格をした白人の少年によって、絞め落とされていた。

渡辺は驚愕した。

「目の前で起きたことが信じられませんでした。だから、すぐに聞きました。それはなんだ？　って」

事も無げに同級生は答えた。

「ジウジツさ」

同級生が言うところの「ジウジツ」の道場に、さっそく渡辺は入門した。

「ブラジルではコンドミニアムの中に遊び場があるんです。我々はプレイグラウンドって呼ぶんですけど、要はパーティをやったり、ダンスをやったり、いろいろな習い事をやったりっていう、そこの住人以外も来られるような集会所を借りて、定期的に。いまでもそういうスタイルでやってる道場、たくさんあるんじゃないかな」

入門した渡辺がまず驚いたのは、例のセキュリティを絞め落とした同級生の実力だった。

「あれだけの大男をあっさりやっつけたんだから、道場の中でも結構強い方かなと思ってたんですけど、違いました。ただの青帯。道場の中では実力的にも下の部類。だから、同級生が凄かったんじゃなくて、柔術が凄いんだな、こりゃとんでもない格闘技だな、と」

柔術とは、ブラジルに帰化した日本人柔道家・前田光世から手ほどきを受けたカーロス・グレイシーと、その弟のエリオ・グレイシーが広め、発展させてきた格闘技である。TOKYO（トウキョウ）をTOQUIO（トキオ）と表現するように、日本語における「や、ゅ、ょ」の発音を苦手とするポルトガル語圏に属するブラジルでは、「ジュウジュツ」ではなく「ジウジツ」で浸透した。後にブラジリアン柔術とも呼ばれるようになるが、それはアメリカで柔術を広めたエリオの長男ホリオン・グレイシーが「グレイシー柔術」という言葉を自分以外の人間が使うことを禁じたからだった。

残された一族は仕方なく「ブラジリアン柔術」なる言葉を編み出し、それがまた世界に広がっていくのだが、渡辺がこの格闘術に出会った頃、柔術＝グレイシー一族が編み出したものという認識はすでに一般化していたため、あえて「グレイシー」という名称を付け加えることもなかった。

さて、ルーツは明治期日本の講道館柔道ながら、治安のいい日本でどんどんとスポーツとしての色合いを強めた柔道と違い、護身術の必要性が極めて高い地で育まれた柔術は、圧倒的なまでに実戦的だった。ちなみに、同級生がつけていた青帯とは、白帯の次の段階である。

柔道の場合、入門した初心者がまず覚えさせられるのは受け身になるが、柔術では護身術から始まる。

「首をつかまれたり、手首を捕まえられたり。立った体勢から突然攻撃されたらどう対応するか、ということを教わります。その中でもまず最初に教わるのは立ち方、立つ動作です。倒されるのは仕方がない。どんな人間だって倒される時はある。でも、立ち方を覚えないと、ずっと攻撃される」

かたや倒れることから覚え、かたや立つことから覚える。あまりにも異なる初心者にとっての第一歩は、柔道と柔術、共通するルーツを持つふたつの〝柔〟が、あまりにも異なる環境で育まれたことの証明でもある。柔道に親しんだこともある渡辺だったが、リオで生きていく上で、どちらが自分に必要かは考えるまでもなかった。

始めてから1年後、彼は青帯に昇格した。その2年後には、指導員としての実力があるとされる紫帯になった。

柔術は、渡辺の人生にとって欠かせないものとなった。

19歳の時、彼は日本へ留学することになった。

「柔術の仲間からは散々言われたんですよ。いいなあとか、本場の日本に行ったら俺たちが知らない技なんていくらでもあるんだろうなって。ぼく自身、すごく楽しみにしてたんですけど、いざ来てみたら、ない、ない。そもそも日本人が柔術というものの存在を知らない。あれには本当にびっくりしました」

ブラジルではすでに最強の格闘技としての名声を獲得し、誰もが知る存在になっていた柔術だったが、渡辺が来日した1992年、日本人でその存在を知っている者はほとんどいなかった。

もちろん、柔術専用の道場などもあるはずがない。道場での鍛練が日常になっていた渡辺は一計を案じた。柔術の道場はないが、柔道の道場ならば留学先の東京農業大学にもある。幸か不幸か、当時の東農大柔道部は強豪とは言い難く、部員の数も少なかった。そこで、道場を使わせてもらう許可を得て、柔道部の学生を無理やり柔術の練習相手に仕立て上げてしまったのである。

ほんの数人を相手に始めた渡辺による渡辺のための柔術道場は、しかし、翌1993年に状況が一変する。

コロラド州デンバーで開催された第1回のUFCに参加したホイス・グレイシーが、参加選手中最軽量だったにもかかわらず、見事優勝を果たしたのである。

「グレイシー柔術」なる言葉を大々的に売り出した長兄ホリオン・グレイシーの手腕もあって、柔術は一躍、世界の関係者の知るところとなった。

その余波が、東京にも届いた。

「ぼくが着てる道着にはグレイシーと書いてある。それを、見よう見まねで始めたサークルに来てくれる人たちが気づいたんです。その人たちが、ぜひ教えてくださいということになった。そこからはあっという間に人が増えて、気がつくと40人ぐらいになってました」

もっとも、第1回のUFCについては渡辺には素朴な疑問があった。

「なぜホイスだったのかなって。彼は兄の方が10倍強いって言ったみたいですけど、まさにそうだろうと。ブラジルでも、ヒクソンが強い、凄いっていうのは知られてましたけど、ホイスは早い段階でアメリカに行っちゃってたんで、知らなかった人がほとんどでした。まあ、それなりに結果は出してくれたんでよかったですけどね」

ともあれ、ホイス・グレイシーは勝ち、日本でもグレイシー柔術を学びたいという人たちが現れ始めた。こうなると、いつまでも東農大の道場を間借りしているわけにもいかない。渡辺は新宿文化センターの一室を借り、定期的に柔術の指導をするようになった。

「これはもうホビーじゃないということで、少額ですが月謝のようなものを取ることにしました。そうしたら皆払ってくれて」

日本人の両親に育てられたとはいえ、現地の小学校、中学校、高校ではアメリカンスクールに通っていた渡辺は、この頃、日本語がまだ不得手だった。そのため、すべての授業が日本語で行われる東農大の授業にはついていくことができず、半年でドロップアウトしてしまっていた。

結局、翌年になって帰国子女の多い上智大学の比較文化学部を受験し直して入学するのだが、初めての日本で多くのカルチャーショック、ギャップに直面していたブラジル育ちの青年にとって、日本人が柔術に関心を持ってくれることはたまらなく嬉しく、誇らしいことだった。

ただ、月謝を取るとなると責任も出てくる。指導員としての資格があるとされる紫帯を取得している渡辺だったが、自分の実力がまだまだだという自覚もあった。

「仕方がないので、まずは一生懸命練習生が強くなるように指導しました。彼らが強くなれば、教えてるわたしはもっと強くならざるをえない。で、たまにブラジルに帰るんです。ブラジルの仲間たちは、いつでも道場に来ることができるから、良くも悪くものんびり、のびのびやってる。でも、限られた期間しかいることのできないわたしは、どれだけたくさんのことが吸収できるか必死でしたから、覚え方に違いが出てきましたね」

1990年代は日本の出入国管理法が改正され、南米大陸に住む日系人が大挙して出稼ぎにやってきた時代である。恵まれた環境は、それだけで多くの人を惹きつける。日本での一攫千金を狙い、ハングリー精神を漲らせて成田空港に降り立つ日系人は珍しくなかった。

だが、柔術が人生の一部になっていた渡辺にとっては、ブラジルこそが、リオ・デ・

ジャネイロこそが最高の環境だった。ゆえに、年に数回の帰郷の際には誰よりもハングリーになった。

柔術を教えてくれる人間が誰もいない日本に暮らしながら、限られた帰国期間中に渡辺は茶帯をとった。下位帯に対して圧倒的な実力差を有する、と認められた証だった。

ブラジルは格差社会である。そして、アメリカンスクールに進学した後、日本に留学することのできた渡辺は、間違いなく貧困層ではなかった。

渡辺だけではない。柔術の道場に通う生徒たちは、皆、おしなべて裕福だった。強さや自分を護る術に憧れるのは上流階級の少年に限ったことではない。だが、貧しい家庭、あるいはファベーラに生まれてしまった者が、柔術の道場に通うのは簡単なことではなかった。

そもそも、道着を買うことができないからである。

柔術の道場には通えない。それでも強くなりたい。そんな少年たちの受け皿になったのが、ルタリブレと呼ばれる格闘技だった。

ルタは「戦い」、リブレは「自由」を意味するこの格闘技は、その名の通り、柔術に比べれば圧倒的に自由だった。グレコローマンスタイルのレスリングをベースとしていることもあり、そこには道着もなければ東洋的な思想もなかった。貧しく、柔術の道着には手の届かないリオの少年たちにとっては、ルタリブレこそが格闘技だった。ルタリブレをやっている人間の中に、柔術を敵視する者が出てきたのは、必然でもあった。

お高くとまったお坊っちゃまどもを叩きつぶせ——。

渡辺が柔術を始めた1980年代は、柔術とルタリブレ、両者の関係が緊張の度合いを高めた時代でもあった。

「ウゴ・デュアルチというルタリブレの選手がいたんですが、彼があちこちで『ヒクソン・グレイシーとかいうやつをぶっつぶすのは簡単だ』と吹聴しまくってたんです」

まだ青帯に過ぎなかった渡辺にとって、すでにアメリカに渡っていたヒクソン・グレイシーは雲の上の、そのまた上の存在だった。それでも、古くから道場に通っている仲間たちからは、「ヒクソン先生だけはグレイシー一族の中でも別格」という話は聞いていた。

「当然、それを聞いたヒクソン先生は『いつでもやってやる』と言う。でも、相手はいつも何らかの言い訳を作って逃げ回るばかりで、いつまで経っても試合が実現しない。そのくせ、ヒクソン先生に対する悪口は言い続けてる。そんなことが続いたんです」

１９８８年のことだった。リオのビーチを歩いていた柔術の道場関係者が、仲間とくつろぐ宿敵の姿を発見した。

ウゴがいる！

関係者はすぐさま、アメリカから帰国していたヒクソンに電話を入れた。グレイシー一族最強といわれた男は、海水パンツ一丁という出で立ちで駆けつけてきた。

海水浴を楽しむ人たちでごった返すビーチで、二人の男が睨み合う。それがつかみ合いに発展するまで、さしたる時間はかからなかった。

数分後、白い砂浜の上で組み合っていた二人は警察によって止められる。後にデュアルチは「負けていない」と強弁するが、いい体勢をとってずっと殴り続けていたのがヒクソンなのは事実だった。

だが、抗争はこれで終わらなかった。

「デュアルチとしたら納得がいかなかったんでしょうね。何日か後、エリオ先生の道場に１００人以上の子分を連れて乗り込んできたんです。何人かは銃も持ってて、エリオ先生に言うわけです。『ヒクソンをここに連れてこい！』って」

すぐさま連絡が飛ぶ。またしても海水パンツ一丁で、友達のバイクの後ろにまたがってヒクソンはやってきた。この時、道場にいた柔術の関係者はわずかに５人だったという。向こうは100人以上。

「そこでエリオ先生が言ったんです。『お前ら絶対に手を出すな、手を出したらお前ら全員皆殺しにしてやる！』って」

柔術を敵視する者たちも、エリオ・グレイシーの名声ぐらいは知っている。老いたとはいえ依然鋭さの残る眼光に睨まれた100人は、言われた通り、行儀のいい傍観者であり続けた。

その中で、ヒクソンはデュアルチを叩きのめした。

誰の目にも明らかな形で柔術とルタリブレの抗争に決着がつくのは、それから3年後のことである。

「抗争ばかりしていても仕方がない、この際観客を集めて、その前でどちらが強いかはっきりさせようということになって、バーリ・トゥードで3対3の対抗戦をやったんです。本当はヒクソン先生が入る予定だったんですが、何かあった時のために一番強い駒は残しておこうと」

1991年8月31日、ブラジル最大のテレビ局「TVグローボ」で生中継もされたこの対抗戦は、柔術側の一方的な勝利に終わる。ヴァリッジ・イズマイウがエウジーニョ・タデウを、ムリーロ・ブスタマンチがマルセロ・メンデスを、そしてファビオ・グージェウがデニウソン・マイアを、誰の目にも明らかな形でノックアウトしたからである。一番強い駒を使わずの圧勝により、ブラジル国内における柔術の名声は一気に高まった。

それだけではない。

護身術としての柔術の可能性をアメリカに見いだそうとしたエリオの長兄ホリオン・グレイシーの取り組みは、ここにきて急速に実を結ぼうとしていた。依然世界最大の経済大国ではあったアメリカだが、お家芸だった自動車産業の斜陽化や中南米からの移民の増加など、様々な要素が絡み合った末の現象として、治安が明らかに悪化していた。

護身術のニーズは、確実に高まっていた。

格闘技の本場、日本で生まれたというミステリアスさと、タフでなければ生き残れないブラジルで磨かれたリアリスティックさ。柔術は、護身術を覚えようとするアメリカ人が求めるものを完璧に兼ね備えていた。

グレイシー一族の戦いぶりをまとめたビデオ『グレイシー柔術　イン・アクション』を観たアート・デイビーという広告代理店の役員が、ホリオン・グレイシーに世界最強の格闘家を決めるトーナメントの開催を持ちかけたのは、柔術がルタリブレとの抗争に終止符を打ってから、まもなくのことだった。

ヒクソン・グレイシーから黒帯を授けられた唯一の日本人にして、後に全日本柔術連盟の理事長となる男、渡辺孝真が日本にやってきたのは、ちょうどその頃だったのである。

第四章　迷走

ヒクソン・グレイシーから髙田戦実現へ向けてのOKサインを受け取った榊原信行は、すぐさま企画書作りに取りかかった。

「全部で2枚か3枚ぐらいの、簡単な企画書です。髙田延彦とはこういう人で、ヒクソン・グレイシーとはこういう人。この二人が戦う世紀の一戦を日本でやろう。そんな趣旨でした。それを、会社の事業部会に提案して」

世紀の一戦というからには、舞台もいままでにはないスケール感でなければならない。榊原にとって、候補となる舞台はひとつしかなかった。

東京ドームである。

だが、簡潔ながらも熱意のこもった彼の企画書は、読む者の胸には響かなかった。

「みんな、ポカンとしてました。当然といえば当然ですよね。髙田さんはともかく、普通の会社員がヒクソン・グレイシーなんて知っているわけがない。にもかかわらず、ぼくが会場として提案したのは東京ドーム。名古屋のテレビ局が東京ドームを借りて興行を打つ？　まあ、ありえませんよね」

数々のヒット企画を打ち出し、提案する企画についてはほぼフリーパスともいえる立場を確立しつつあった榊原だが、東京ドームでの興行となるとさすがに規模が大きすぎた。

会社側は、榊原の提案を一蹴した。

しかし、そんなことでめげる榊原ではない。

「まあぼく自身、企画書を書きながら半信半疑の部分もありましたからね。本当にできるのか、こんなことって。会社側が言う『ルールが担保されてない』とか『競技として何をしたいのかがわからない』っていうのも、言われてみればもっともな部分があるな、と」

入社試験で落とされても諦めなかった男は、この時も、ギブアップしようという気持ちはなかったという。髙田対ヒクソン。最強のプロレスラー対400戦無敗といわれる男。自分の会社は無理でも、やってみたいと考える人間、会社は絶対にいるし、ある。そう信じて疑わなかった。

この時の彼にとってむしろ難題だったのは、髙田から提示された条件だった。

「基本、髙田さんはヒクソンとやって引退するつもりでしたから、現役最後の試合、それなりのファイトマネーは用意してくれと。それがひとつ。もうひとつは引退試合と銘打つのであれば、地上波、ゴールデンタイムでやってほしい。それが条件だと。正直、頭を抱えたのはふたつめの条件でした」

髙田からすれば触ったものすべてを黄金に変える〝ミダス王の手〟を持っているかのように見えたやもしれぬ榊原だったが、もちろん、そんなものは持っているはずがない。彼が属していたのは東海テレビの子会社であり、東海テレビはフジテレビの系列にある。地上波、ゴールデンタイムでの放送となると、フジテレビを動かすしかないが、果たして、そんなことが系列局の子会社の一社員でしかない自分にできるものだろうか。

答えはすぐに出た。できるはずがない。

ただ、髙田が全面的に自分のことを信頼してくれていることはよくわかった。向こうが期待してくれている以上、事情や内実はどうであれ、やるしかない。榊原は、力になってくれそうな知人、友人、仕事関係の仲間に積極的に声をかけた。東海テレビ事業の社員としては許されないことと知りつつ、フジテレビとはライバル関係にあるテレビ局のスタッフにも接触を図った。

あくまでも会社員の枠組みの中で祭り作りに熱中してきた男が、祭りのために枠組みから外に出ようとしていた。

ヒクソンからの合意を取りつけたおよそ1カ月後、榊原は今回のプロジェクトを進める上で最も力になってくれそうな人物に相談を持ちかけた。

「これはもう、どうやったって自分のテリトリーでは収まりそうもないっていうのはわかってきましたからね。髙田さんとヒクソンの試合をやるにしても、この1試合だけで東京ドームを押さえるのはさすがに無理があるし、他にも何試合か組む必要がある。でも、そういう興行のマッチメイクとなると、ぼくには経験がない。結局、エイチ・ツー・オーの池田社長と話し合って、これは石井館長に相談するしかないね、ということになったんです」

返ってきたのは、好感触だった。

「面白いんじゃないの、興味あるねっていう感じでした」

石井であれば、フジテレビにも顔が利く。興行、マッチメイクの経験やノウハウも十分に持っている。そもそも、いち早くUFCとグレイシー柔術の存在に注目し、1994年12月に名古屋で「K－1LEGEND乱」が開催された際、「これ、わしからのクリスマスプレゼントやから」と金網の特設リングを作ったのは、他ならぬ石井である。

石井から髙田対ヒクソン戦の実現に前向きな反応を引き出したことで、榊原は気が遠くなりそうな難題の山が、大幅に片づいた気分になった。まるで見えなかった山の向こうに隠れていた道が、ようやく見えてきた気がした。

彼は、間違っていた。

救世主になってくれるかもしれない存在の出現に、待ったをかける声があがったのである。

髙田延彦からだった。

石井館長に協力をお願いしようと思っています――。

榊原からそう報告を受けた瞬間、髙田が覚えたのは強い違和感だった。

「乱暴な言い方をするとね、え、何で？　いらねえじゃん、って思ったのよ。K－1はK－1。わたし自身、尊敬もしていたし認めている人でもあった。でも、髙田対ヒクソン戦は、あくまでも髙田延彦とヒクソン・グレイシーの決闘なわけでしょ。そこにK－1が入ってくるというか、K－1にお願いしてわたしたちの戦いをプロデュースしてもらうっていうのは、わたしの中で明らかに違ってた」

試合が地上波で放送され、新聞や雑誌もこぞって取り上げる。隆盛を極めていたK－1は、髙田にとって羨望の的でもあった。いつかはあんなふうに――そんな思いがあったからこそ、K－1に携わっていた榊原に接近したといってもいい。

だが、K－1になりたいわけでは断じてなかった。

疲弊し、磨耗し、自暴自棄になりかけていたとはいえ、髙田の胸の内には依然、プロレスこそがキング・オブ・スポーツであるとの思いが脈打っていた。

石井和義に協力を仰ぐということは、プロレスと髙田延彦がK－1の軍門に降ることになる。彼はそう直感した。

「自分で言うのも変だけど、あの当時、わたしはプロレス界の中ではトップファイターの一人だったし、ヒクソン・グレイシーこそが世界最強の格闘家だと言う人は世界中にたくさんいた。そんな男を相手に、それまで誰も手をあげなかったプロレス界から髙田延彦が名乗りをあげた。バラちゃんにしてもエイチ・ツー・オーの池田君にしても、その志に共鳴してくれたから『やりましょう！』ってことになったんじゃないの？ と。それが、ちょっとうまくいかないぐらいで、すぐ館長お願いしますってなってしまうのは到底納得できなかったし、認められない発想でもあった」

榊原としては、進退窮まった末にたどりついた結論だったが、人生で初めての告白をした相手に対して絶対的な信頼を寄せていた髙田は、榊原ならばできる、してくれるはずと信じて疑わなかった。

「石井館長に対して何か含むところがあったわけじゃない。飲み屋で会っても普通に挨拶する関係でしたし、個人的には好印象しかなかった。でも、それとこれとは別の次元の問題で、館長にお願いする、お願いしなきゃできないっていうんであれば、仕方がない、諦めようっていうのがわたしのスタンスでした」

すでにUインターの興行で「極めて近い将来に引退します」と宣言していた髙田は、自分にとって最後の戦いになるであろうヒクソン戦を、何としても社会的インパクトのあるものにするつもりだった。

そのためには、一切の妥協を排除したかった。プロレスとはこんなにも強く、こんなにも大きな夢を手にできるスポーツだということを証明したかった。

Ｋ－１の手を借りるということは、髙田対ヒクソン戦という興行におけるプロレスの純度を下げることに他ならない。

絶対に受け入れるわけにはいかなかった。

「満員の東京ドームでやる。ゴールデンタイム、地上波の放送がある。そして、夢のあるファイトマネー。そういう戦いにしたかった。あの頃のわたしが感じてたのは……プロレスラーっていう存在自体には輝きがあるんですよ。大きいし強いし豪快だし。でも、長者番付に載るのは猪木さんと馬場さんだけ。お金がすべてだとは思わないけど、プロ野球やゴルフ、Jリーグにはまるでかなわないのが現状だった。だから、せめて最後の試合ぐらいは、胸張って公表できるファイトマネーにしたいと思ってね」

新日本プロレスとの対抗戦には「次」があった。だから、自分を殺すこともできた。ヒクソンとの対決に「次」はない。自分を殺してしまえば、二度と生き返れない。申し訳ないという思いもあったが、榊原からの提案を、髙田は全面的に拒否した。一度は心の底から信頼したはずの男に対する疑念が、その心中には芽生えていた。

自分の出した提案を会社に拒絶されることは、想定の範囲内だった。だが、石井館長に協力を仰ぐことに対する髙田の反発は、まったくの予想外だった。

榊原は途方に暮れた。

だが、依然としてギブアップという選択肢はなかった。

「簡単なことじゃない、というか、とんでもなく難しいことになりそうだっていうのはわかってきてたんですけど、じゃあごめんなさい、ぼくには無理ですって投げ出すには、髙田さんとの約束が重すぎました。あの日、名古屋の夜、あれだけの決意で気持ちを明かしてくれたことを考えれば、ギブアップという選択肢はどうやったって出てこない。髙田さんだけじゃない。ヒクソンもぼくのことを信じて前向きな答えをくれた。二人のファイターが、ぼくみたいな人間を信じて託してくれた以上、それに応えないなんてありえんだろって思ってました」

会社の看板は使えない。石井館長の力を借りることもできない。それでも、やるしかない。榊原はこの当時から最も信頼していた東海テレビの先輩に悩みを打ち明けた。

「こういうことをやりたいと思ってるんだけど、会社からはダメだと言われた。自分はどうしたらいいと思いますかって先輩に聞いたんです。そうしたら、山口さんというその先輩がやることの意義を理解してくれて、『エイデン』という家電量販店の宣伝部長をやってた方につないでくれたんです」

後に中国地方を基盤とする同じく家電量販店の「デオデオ」と手を組み、業界3位の規模を誇る「エディオン」の母体となる「エイデン」は、東海地方では知らない人がいない大手の家電量販店だった。年間の宣伝費もかなりの額に上り、榊原が手がけてきた海遊祭やK‐1のイベントなどにも、積極的な協賛を展開していた。東海テレビにとっては、極めて重要なクライアントのひとつである。

先輩がつないでくれた宣伝部長は、業界では敏腕として知られており、まだ30代半ばという若さにもかかわらず、自分で決済できる相当な額の宣伝費を持っているらしかった。

名前を、森下直人といった。

「面識自体はそれ以前からあったんです。格闘技好きで、K−1の名古屋大会の協賛とかしてくれてましたし、名古屋大会だけじゃなく、他の大会も観に行ってもらったりしてました。そんな中で印象的だったのは、『もう少しでパーフェクTV！というCS放送が始まる。ペイ・パー・ビューという形でお金を回収するスキームが一般的になるはずだから、格闘技コンテンツにも注目が集まるようになる』みたいなことをおっしゃってたんですよ。だから、森下さんなら髙田対ヒクソン戦にも興味を持ってくれるかもしれない、と思いまして」

地上波のテレビ局を母体とする企業に勤務していた榊原にとって、森下の口から聞いたペイ・パー・ビューという発想は未知の考え方だった。テレビはただで観られるのが当たり前だった時代に、果たして誰がお金を払ってまで観るものだろうか、という素朴な疑問もあった。1990年に開局した日本初の有料衛星放送局WOWOWの苦戦ぶりは、テレビ業界に勤める人間ならずとも知るところだった。

それでも、やらなければならないことが決まっている一方、そこにたどりつくまでの道が見えなくなっていた榊原にとっては、格闘技の未来に独自の展望を持っていた森下の存在は数少ない希望でもあった。

先輩の山口とともに森下のもとを訪れた榊原は、自分が髙田対ヒクソン戦を実現させるために動いていることを打ち明けた。

予想通り、森下は榊原の提案に食いついた。

1996年10月に開局するパーフェクTV!の準備会社に出向していた森下にとって、榊原の持ってきた提案は渡りに船であるばかりか、自身の裁量でかなりのところまで進めることのできる案件でもあった。

ペイ・パー・ビューでやれるのであれば、懸案のひとつ、髙田対ヒクソン戦のファイトマネーは何とかなるかもしれない。頭痛の種が少し減ったような気がした榊原だったが、安堵するには程遠い状況でもあった。

パーフェクTV!が全面的にバックアップをしてくれることになったとしても、それは髙田延彦が望んでいた地上波放送ではないからである。

「森下さんが協力してくれることになったのは本当にありがたかった。でも、ぼくの中では依然、地上波で流すための方策を探さなきゃという思いがあって、とにかくあらゆるところにボールを投げて、放送してくれる局を見つけるための糸口を探してました」

東海テレビがダメだとなると、次は無茶を承知でフジテレビに乗り込んだ。当時、K－1がドル箱になりつつあったフジテレビは格闘技に対して非常に積極的だったが、プロデューサーは興味こそ示したものの、地上波で流すのは難しいという見解を返してきた。

「この時点で、会社員としてはアウトなことをぼくはやっちゃってるんです。本来、自分の会社からダメだと言われた段階で、仕事はそこで終わりのはず。なのに、ぼくはフジにまで話を持っていって、そこもダメだとなると、ＴＢＳとテレビ東京にも売り込みました。新日本プロレスと結びつきの強いテレビ朝日にだけは行かなかったですけどね、どうせ食わないだろうと思って」

ほぼ無差別に展開された売り込みの中で最も強い手応えがあったのは、プロレス中継の老舗でもある日本テレビだった。

「Nっていう、いわゆる格闘技オタクがいたんですよ。まだ20代だったかな。それでもすでにボクシング中継とかも担当してて、何とか自分が社内プレゼンして日本テレビでやれないか動いてみますって非常に前向きだったんです。髙田さんも彼とは会ったし、その気になってたと思いますよ」

だが、当時の日本で最も格闘技に力を入れていたフジテレビでさえしり込みした案件は、一人の若手社員の情熱でどうこうできるものではなかった。

結局、日本テレビの話も消えた。

榊原はいよいよ途方に暮れた。

茨城県つくば市で当時の観測史上第1位となる37・8度を記録するなど、猛暑の続いた1996年もまもなく終わろうとしていた。

夏前はペナントレースの首位を独走していた広島カープは、最大で11・5ゲームも引き離していた読売巨人軍に球史に残る大逆転劇を食らい、最終的には3位でシーズンを終えていた。

半年前は誰も予想しなかった幕切れだった。

高田にとっても、訪れた冬は想像していたものとはずいぶんと違っていた。彼が予想していたのは、物事がとんとん拍子に進み、自分でも信じられないほどの熱であったり風であったりが生まれる——そんな展開だった。

だが、さしたる進展もないまま秋は終わり、季節は冬になった。高田の中に、かすかな、しかし明らかな苛立ちが芽生え始めた。

年が明けて1997年の2月27日、高田のもとに榊原から電話が入った。

ヒクソン側との打ち合わせは終わった。試合のルールの方向性も決まった。おそらくは8月15日、東京ドームでやることになる。そんな連絡だった。

いろいろ手こずったようだったが、試合の日にちが決まった以上、やるべきことはひとつしかない。勝つための身体を作ること、である。これでようやくスイッチが入った。2週間後、彼は仲間と沖縄に飛び、ヒクソン戦へ向けてのトレーニングを開始した。

「野菜や鶏のササミしか食べないような食生活に切り換えて、あと、徹底的に走り込んだ。いまから思えば、自分の身体を小さくすることばかりをやっちゃったんだけど、映像で観たヒクソンの、あのまるで無駄のない、豹のような肉体に対抗するには、自分もそういう身体にしなきゃって思っちゃったんだよね」

結果的には完全な失敗に終わる沖縄での調整だったが、それでも、経験したことのない厳密な減量と有酸素運動への取り組みは、自分がいよいよ特別な一戦に向かおうとしているのだと改めて実感もさせてくれた。

ところが、ようやく動き出した髙田に思わぬ報告が入る。日本テレビと進めていた話がダメになってしまった、というのである。

「聞いた瞬間、モチベーションはガーッと落ちました。一生懸命頑張ってくれたパーフェクTV！さんには申し訳ないんだけどね。一世一代、最後の晴れ舞台にする、してもらうつもりだったのが、何だか一気にスケールダウンしてしまったようでさ。あの当時は地上波以外でテレビを観る時代が来るなんて、想像してなかったからね」

早い段階で新日本プロレスを飛び出していた髙田は、プロレスラーたちの中でも人一倍地上波に対する憧れが強かった。新日本プロレスとの対抗戦は地上波で放送されたが、それはあくまでも主役が新日本プロレスだから、だった。

最後ぐらい、自分が主役で——そんな希望が、夢が、潰えつつあった。

「生意気なようだけど、俺とヒクソンだよ、と。トッププロレスラー髙田延彦と世界最強ともいわれる男がガチでやろうっていうのに、それも当事者はすぐにでもやりたいって言ってるのに、日程もスポンサーも地上波も、何でこんなにスムースにいかないのかな、と。俺って、俺たちってそんなに価値ないのかなって気分になってきちゃった」

20年以上の月日が経ち、50代も半ばに差しかかった髙田は、あの頃の榊原たちが舞台を作り上げるためにどれほどの汗を流し、どれほど深く頭を下げたかを知っている。

だが、34歳の彼は知らなかった。

「バラちゃん、エイチ・ツー・オーの池田君、あと日本テレビのN君。いつのまにか、彼らのことを〝三馬鹿トリオ〟と呼ぶようになってたんだよね。半分冗談ではあったんだけど、わたしの中には彼らに対する苛立ちとか失望とか、あながち冗談では済ませられない部分もあって」

榊原が途方に暮れていたとするならば、同じ時期の髙田の気持ちは萎えかけていた。

榊原と初めて出会う日以前の、何となく投げやりで、何となく捨て鉢な高田延彦になってしまっていた。

会うたびに榊原は申し訳なさそうに謝ってくる。間違いなく本心から出た言葉だということは理解できた。

ただ、高田の胸に響いていたかといえば、それはまた別の話だった。


高田の気持ちが急速に自分から離れつつあることは、榊原もわかっていた。

だが、それによって高田に対する気持ちに変化が出ることは、なかった。

「やっぱり、力不足で申し訳ないなあって思いが圧倒的に強かったですね。いまから思えばもうちょっとムッとしたりしてもよかったのかもしれませんけど、不思議なぐらい、どうしてわかってくれないんですか？　みたいな気持ちはありませんでした」

日本テレビとの話がつぶれた時点で、「ゴールデンタイムで地上波」という高田の希望をかなえるのはほぼ絶望的な状況となった。それでも、高田に対する反発が湧き上がってこなかったのと同じぐらい、諦めの気持ちも出てこなかった。

諦めるには、いろいろな人間を巻き込みすぎていた。

「面白そうだ、手伝うよって方は、だいぶ増えてきてました。電通の格闘技好きの方であったり、芸能関係の方であったり、もちろん格闘技業界の方であったり」

そんな中の一人に、喜多村豊という人物がいた。

飛ぶ鳥を落とす勢いだったミュージシャン小室哲哉の高校時代の同級生にしてスーパーバイザーを務めていた喜多村は、当時の榊原では到底手の届かないルートをいくつも持っていた。何の実績もないイベントが東京ドームを試合会場として仮押さえすることができたのも、喜多村の力によるところが大きかった。

一方で、榊原は髙田から拒絶反応があったK－1の石井館長との関係も継続させていた。

「いろんな人の力を借りて、何とか形にしていこうともがきつつ、表に出ない形で石井館長にプロデュースしていただけないかと、その道は模索してました。あの時代に、桁外れに大きな格闘技のイベントをやろうと思ったら、絶対に石井館長しかいない。ぼくはそう思ってましたから」

K－1の枠の中にはめ込もうとすれば、髙田が反発する。ならば、K－1とはまた違った枠組みを石井が新たに作るというのであればどうか。目立たない形で、表には出ない形で石井和義プロデュースにするのはどうか。

落としどころはここしかない、と榊原は考えた。

「石井館長も了解してくださって、じゃあその方向でやっていこうかって話になりました。やると決まったからにはタイトルがいる。そこで石井館長はブレーンでもあった谷川貞治さんに相談して、『U－1』というタイトルを出してきた。Uインターの髙田さんとアルティメットのグレイシー。キーワードはUだから、それでいこうよ、と」

聞いた瞬間、榊原は「何か違うな」と思ったという。明確な理由があったわけではない。ただ、まったく新しい、前代未聞の祭りを作りたかった男からすると、提案されたタイトルはあまりにも斬新さに欠けているように思えた。

だが、進退窮まりつつある榊原には、提案されたタイトルを拒否する力も代替案もない。石井館長に口だけでなく金も出してもらうつもりだった以上、自分の中にある違和感など飲み込む他ないのはわかっていた。

「結局、いろんな人が絡むようにはなってきてましたけど、俺が金を出すからやってみろって人はなかなか現れなかったんです。まあ、考えてみればそれも当然で、ぼくらがやろうとしてたのはビジネスというよりも、先の見えないバクチでしかなかったわけですから、そこにお金を出してもいいって企業なんて、そうはないですもんね」

この頃、髙田対ヒクソン戦を実現させるために集まってきた有志たちは「格闘技レボリューション・スピリッツ」（KRS）という実行委員会を立ち上げようとしていた。

実行委員会形式とは、イベントなどを開催する際、行政や企業、市民団体などが資金や人的資源を出し合って結成するやり方である。会社という後ろ楯を持たない榊原たちが、それでも髙田対ヒクソン戦を実現させようとするには、このやり方しかなかったといっていい。

ただし、実行委員会形式には弱点もあった。たとえば、多様な人材が参加可能になった反面、責任の所在がわかりにくくなり、いわゆる「船頭多くして船山に上る」状態に陥りがちなこと。たとえば烏合の衆でもあるだけに、イベントの方向性がブレてしまう危険性もある。実行委員会形式の組織を運営の母体にしたことは、後に極めて大きな、それも極めてネガティブな問題を引き起こすことになるのだが、この時の榊原には知るよしもない。

ともあれ、髙田対ヒクソン戦を実現させるためには資金が必要で、その資金を用立てる財力が榊原にはなかった。

何としても、石井の力が必要だった。

石井ならば、誰よりも早くアルティメットファイトというイベントの可能性に着目した石井ならば、違ったとらえ方をしてくれると榊原は考え、それは間違っていなかった。

ヒクソンが求めていたファイトマネーの一部前払いを立て替えたのは、石井だった。

「彼から要求されたギャラが40万ドル。当時からするとべらぼうな額ですよ。で、5万ドルだったか6万ドルだったか、手付金も払ってほしいという。石井館長に報告すると『そんな高い金額で？』と結構キツいことも言われましたけど、払わなければ企画自体が流れてしまう。最後は680万円、貸してもらえました。忘れもしない、新高輪プリンスホテルのラウンジもみじで」

ずっしりと重い札束を抱えた榊原は、すぐさま東京駅から新幹線に飛び乗った。数時間後、彼は愛知県・県営名古屋空港（小牧空港）からロサンゼルスに向かう機上の人となっていた。

「エイチ・ツー・オーの池田社長、神田さんと一緒に。もちろん会社には無断。有給休暇をとってのアメリカ行きでした」

初めて髙田と出会った時に語り合ったヒクソン戦は、眩いばかりの輝きに彩られていた。

いつのまにか、いろんなことがすっかりおかしくなってしまった。

どうやら、髙田の気持ちも完全に自分から離れてしまっている。

だが、もう引き返せない。

引き返せるはずがない。

およそ睡眠に適しているとは言い難いエコノミークラスのシートの上で、榊原は新高輪プリンスホテルでサインした紙のことを思い出していた。

６８０万円の借用書。

ＫＲＳとしての借金を、貸主は認めてくれなかった。

借り主は榊原信行、個人だった。

高田がヒクソン戦への情熱を失いかけていたちょうどその時、思わぬところから思わぬ話が飛び込んできた。

右腕として長くＵインターと高田を支え続けた鈴木健が、マイク・タイソンと試合ができるかもしれない、という話を持ってきたのである。

「わたしがボクシング元世界チャンピオンのトレバー・バービックとやったことがあるっていうのが大きかったみたいだね。あの頃、タイソンは試合中に相手の耳に嚙みつく事件を起こした直後で、ボクシング界から追放に近い形になってた。でも、すっかり浪費癖はついちゃってたし、取り巻きもたくさんいる。どこかで稼げるところはないか、ボクシング以外で稼げるところはないか、必死で探してたら、日本にバービックと異種格闘技戦をやったプロレスラーがいるぞってことになったらしい」

そもそもなぜ髙田はヒクソン・グレイシーと戦うことを望んだのか。大まかにいってしまえば、理由は3つあった。

ひとつは自分の、そしてプロレスの強さを証明したかったから。

もうひとつは、最高の晴れ舞台に立ってみたかったから。

そして、ヒクソンと戦う宿命を感じていたから。

この頃はもう崖から真っ逆さまに転げ落ちるような状態になっていたとはいえ、マイク・タイソンは、あのモハメド・アリより強いのでは、とまでいわれたボクシング界の生ける伝説である。転落のきっかけとなった1990年2月11日、東京ドームで行われたジェームス・ダグラス戦の入場者数は、日本のボクシング史上最多の観衆となる5万1600人だった。対戦相手の知名度を考えれば、これはタイソン一人で集めたといっても過言ではない数字である。

一人で東京ドームに5万人を超える観客を集めた最強のボクサーが、新日本プロレスとの全面対抗戦で6万7000人を集めた髙田延彦と戦う。

そのスケール感は、熱は、世間からの注目度は、ヒクソン・グレイシーと戦うのとは比べ物にならない。

まるで、ならない。

初めて榊原と出会った時以上に、高田の胸は躍った。ヒクソン戦実現に向けての動きが遅々として進まないだけに、なおさらだった。

「もし本当にタイソンとやるってことになったら、それこそテレビ局の方からウチでやらしてくれって話になるだろうし、どんな結果に終わろうとも、その試合は世界中で放送される。最後の晴れ舞台としては、申し分ないどころか、パーフェクトすぎるぐらいだよね」

鈴木健の言葉も、高田の気持ちを動かした。

「負けた後のことを考えてくださいって言うんだよ。確かにヒクソンは強い。Uインターとしても彼へのアプローチは続けてきた。ただ、ヒクソンとタイソン、どっちが有名ですか。ヒクソンに負けたら、高田さんには何も残らない。でも、タイソンになら、負けても話は違う。あのマイク・タイソンと戦った男、あのタイソンと戦って散った男って記憶されるんですよって。確かに、引退した後の人生を考えたら、健ちゃんの言う通りなんだよね」

ヒクソンとの戦いは、まず高田が望み、それにヒクソンが応える形で動き出した。ところが、今度の話はタイソンサイドから出てきたものだった。

戦いを望んでいるのは向こうで、応えるのは高田の側だった。

「一番の問題となるのは彼のファイトマネーだったんだろうけど、タイソンであれば確実にペイ・パー・ビューでの集客が見込めるし、テレビの放映権料やスポンサーフィーで簡単にクリアできる。向こうがイヤだ、戦いたくないって言い出さない限り、うまくいかない理由はどこにもない。そういうところも、ヒクソンと戦うのとはまるで違ってたよね」

最初の打診を受けた1週間後、タイソン側は具体的な日程案まで出してきた。翌1998年の1月か2月でどうか、というのである。一向に話が進まないヒクソン戦に比べ、スピード感の違いは歴然としていた。

春が過ぎ、夏が来た。1997年7月10日の日記に、髙田はこう記した。

「ヒクソン戦、あきらめた」

もちろん、無償で自分のために動いてくれた榊原たちに対する申し訳なさはあった。ただ、どんどんと話が矮小化したことに対する不信感も強かった。リセットボタンを押すことへの抵抗感は、もはやほとんどなくなっていた。

だが、彼は自分の決心に未来を委ねることができなかった。

「いつの段階だったかなあ、ヒクソンとやろうってことになって、まだ早い段階だったと思う。頭の中がそのことでいっぱいになって、皆さんお願いします、何とか実現させてくださいって心底思ってた時期に、白紙委任状みたいなのを書いちゃってたのよ。いや、書いちゃってたっていうのは違うな、喜んで書いた。どうしてもヒクソンとやりたいっていう自分の気持ちの分身を作るつもりで、書いて渡してあった。それを向こうが出してきた」

向こう、というのは榊原たちが立ち上げたKRSという実行委員会のことである。交渉の席で、委員の一人は穏やかな、しかし乾いた口調でこう言ったという。

そうなっちゃうと、法廷だね。

今度は髙田が途方に暮れる番だった。

「裁判。それでもいいかって思う気持ちも7割ぐらいはあった。イヤだもん、気持ちは切れちゃってるし、ヒクソンはそんな精神状態で戦える相手じゃないし。ただ、かといって裁判っていうのもやっぱり面倒くさい。だいたい、勝ったところでこちらが得られるのは〝ヒクソンとやらなくていい〟って権利だけでしょ。そんなことのために自分のエネルギーを使うのは心底バカらしく思えちゃって」

髙田は、決心を覆した。

「勝っても何も生まない裁判と、勝ったら何かが生まれるかもしれないヒクソン戦。どっちも気乗りはしないし、何だかすべてが面倒くさくなっちゃったけど、仕方がない、やるかと。やりたくないけど、やることにすっか、と。物凄く投げやりな感じでね」

熱気と、歓声と、栄光と――。

求めていたもの、望んでいたもの、憧れていたもの、そのすべてが遠いところに飛び去ったような気がした。

1年前、名古屋で思い描いたものとはかけ離れた心理状態で、髙田延彦は決戦を迎えようとしていた。


石井和義を陰のプロデューサーに――。早い段階で榊原が描いていた髙田対ヒクソン戦を実現させるための絵図は、結局、破綻した。

あまりにもスピード感のない進捗状況に、石井が匙を投げたのである。

「言われました。『バラちゃん、客待ちしとるタクシーの後を走るのはもう限界や』って。『俺は俺のスピードで走りたい。それも先頭で』とも」

返す言葉はなかった。

「当然といえば当然ですよね。K-1は飛ぶ鳥を落とす勢いだった。石井館長が触れればどんなものでも金に変わるような時代だった。なのに、この件では自分が金を出したにもかかわらず、表に出ることはできないわ、人に気をつかわなきゃならないわで、館長からすればストレスだらけというか、ストレスしかない」

榊原のまわりには、口は出すが金は出さない、という人間もかなり集まってきていた。にもかかわらず、一番の大金を出している石井には発言権がない。榊原個人は、石井の求心力、交渉力に強い魅力を感じていたが、その豪腕ゆえに、石井が手柄のすべてを持っていってしまうのではと警戒する人間も何人かいた。

およそ、石井にとっては居心地のいい状況とは言い難い。

これまでと同じ立場に甘んじてもらう理由を、榊原は提示できなかった。

「館長もだいぶ我慢してくださったとは思うんです。でも、最終的にはええかげんにせえよって感じで。『あとは池田君やらなんなりとやったらええやん、わしは降ろさせてもらうからな』ってことになりました」

榊原が怠惰だったわけではもちろんない。

「朝、会社に行く。クライアントと打ち合わせで今日は直帰すると言って会社を出る。そのまま新幹線に飛び乗って東京に行って髙田対ヒクソン戦のために動く、なんて日はしょっちゅうでした。もちろん、それにかまけて他の仕事が疎かになったら一発で『あいつは何やってんだ?』ってことになりますから、そっちの方もちゃんとやりつつ、の話です。一応結果は出してましたので、不自然なぐらい出張と直帰が多かったにもかかわらず、あんまり文句を言われた記憶はないですね」

自分にできることはすべてやっていた。それはおそらく、この時髙田対ヒクソン戦を実現させるために動いていたすべての人間が実感として持っていただろう。

だが、すべての人が頑張っていたKRSという実行委員会は、所詮、烏合の衆でもあった。様々な業界でそれなりの結果を残してきた人物が集まってきていたのは間違いない。ただ、己の才覚と能力に自信を持つ人間が集まったことで、リーダーが誰なのかがわかりにくくなった。それぞれがお金に絡む話に関わったので、委員会としての収入と支出の全体像が見えにくくなった。

何より、石井和義ほどに格闘技界と興行に精通した人間が、いなかった。

混迷は、いよいよ深まった。

当初、KRSは決戦の日を8月15日にするつもりで東京ドームも押さえていたが、直前になってキャンセルせざるをえなくなった。あまりにも準備が整っておらず、これではさすがに試合などできるはずがない、との判断によるものだった。

素人集団がめちゃくちゃなことをしている――そんな声が榊原の耳にも入ってきた。返す言葉など、あるはずがなかった。

それでも、髙田対ヒクソン戦が現実のものとなったのは、森下直人の尽力によるところが大きかった。

「事業協賛権と放映権を買ってくれたんですよ、森下さんが。おそらく、森下さんにも野心があって、自分たちで権利を買ってそれをパーフェクＴＶ！に持ち込んだり、協賛権を買ってもらう企業を見つけたりすれば、間違いなくビジネスになるっていう確信があったんだと思います」

　事業協賛権とは、大会に関する広告用のスペースにまつわる権利のことである。森下の会社がこれを一括して買い上げてくれたおかげで、実行委員会には運営資金に関するひとつの担保ができた形となった。

　森下が果たした役割はそれだけではない。

「日テレがダメ。喜多村さんが打診したＴＢＳもダメ。ついにはテレビ東京もダメ。行き場がなくなったところを拾ってくれたのがパーフェクＴＶ！。地上波での放送を望んでた髙田さんからすると、到底納得できるものじゃなかったとは思うんですが、少なくとも世紀の一戦がどこの映像メディアでも放送されないという最悪の事態だけは回避できた。これも森下さんがつないでくれた話でした」

　すでにヒクソン戦へ向けた気持ちが完全に切れてしまった髙田を、榊原とＫＲＳは預かっていた白紙委任状をちらつかせてつなぎ止めた。

「本当に本当に、髙田さんには申し訳ないことになっちゃったとは思ってるんですよ。ファイトマネーはヒクソンと同額の40万ドル。だけど、地上波はつかない。こんなはずじゃなかった。こんな状況じゃやりたくない。髙田さんがそう感じたのは当然だと思います。でも同時に、自分の中のどこかでは『ここまできたらいまさら降りられませんよ』と嘯《うそぶ》いてるところもあった」

延期された8月15日の代替案は、10月11日に決まった。

混迷に次ぐ混迷を経て、それでも、多くの者が乗り込んだ列車は最終目的地に到着した。

〝乗客〟の気持ちはともかくとして。

第五章　13階段

俺には味方がいない。理解者もいない――。

そんな思いで内面が埋めつくされていた時に出会った、榊原信行だった。

この男なら味方になってくれる。理解者にもなってくれる。そう直感した髙田だった。

期待は、またしても裏切られた。

夢を、理想をかなえてくれると信じて託したヒクソン戦は、思い描いていたものとはかけ離れたものになってしまった。

すべてが、元に戻ってしまった気がした。

白紙委任状を突きつけられ、仕方なくヒクソンと戦うことを決断するおよそ2年前の1995年6月18日、髙田は両国で行われたUインターの大会の後、突如として「極めて近い将来に引退します」と宣言していた。

Uインターの興行は不振が続き、雪だるま式に借金が膨れ上がっていた。苦境から抜け出すべく、腹心の鈴木健と安生洋二が提案してきたのは、あろうことか参議院選挙への出馬だった。渋る、というよりもほぼ全面拒否に近かった髙田だったが、二人に押し切られる形で決心を覆すことになる。

鈴木たちは何も、髙田によい政治家たることを望んだわけではない。彼らが目論んだのは、Uインターの代表が国会議員になり、各国とトップダウンで話をすれば、団体の知名度と興行の舞台を世界中に広げていけるのでは、ということだった。

そんなウルトラCを模索しなければならないぐらい、Uインターは追い込まれていたのである。

結局、髙田からすればまったくもって本意ではなかった出馬は、落選という最悪の形で幕を閉じた。

ひたすらにプロレスラーの強さを信じ、強くなるためにどうしたらいいかを考えてきた髙田だった。鈴木は、安生は、そんな自分のすべてを理解してくれている最高の同志のはずだった。

だが、参院選に出馬したことで、髙田はとことん疲弊した。過酷な選挙活動に加え、トレーニングができなくなってしまったことで、筋肉がごっそりと削げ落ちた。当選していればまだ報われもしたが、とことん自分をいじめ抜いた見返りは何もなかった。

厭世観に飲み込まれつつあった高田にとって、だめ押しとなったのは鈴木たちが試合への出場を求めてきたことだった。

「出たくもない選挙に出ることになった。決めたのは自分なんだから、健ちゃんや安生に責任を転嫁するつもりはない。でも、彼らが話を持ってこなかったらそもそもなかった話なわけで、やっぱり引っかかってるところはある。そんな時に、試合に出てくださいと。出てくれなきゃ困ると」

選挙での惨敗から約3週間後、急ごしらえで作った身体で東京ベイNKホールでの試合に出場した高田には、さらなる追い打ち、だめ押しのだめ押しが待っていた。

Uインターの若手のホープだった田村潔司が、リング上から高田との真剣勝負を直訴したのである。

「もうね、こっちはいろんなところを削られて削られて、肋骨も脛もかじられまくっちゃってる気分なわけですよ。あの田村の言葉を聞いた時は、ただただ勘弁してくれよとしか思えなかった。肉体的にも精神的にもそんなもんできる状態じゃねえよって」

コミカルなキャラクターでバラエティ番組などでも活躍するようになる引退後の高田であれば、ストレートに向かってきた田村の言葉を笑いに変えることもできたかもしれない。

現役時代の髙田には、無理だった。

「自分としても団体としても最強を目指して、その象徴的な存在だったわけだからね。後輩たちに対してチャラけたりするっていうのはできなかったし、あの頃のわたしっていうのは、遊びのないハンドルというか、路面の変化や突き上げみたいなものをダイレクトに拾ってしまうところはあったよね。何かあると、それを自分の芯で受けちゃう。で、芯にも許容量があるから、だんだんと効いてくる。効いちゃだめ、へこんじゃだめだと思いながら、へこんでいく。そこに選挙があって、もうへこみようがないところまでへこんだと思ってたら、田村の最後のだめ押しだもの」

2カ月後、髙田とUインターは新日本プロレスとの全面対抗戦に臨んだ。7月23日には参議院選挙で国民に信を問うていた人間が、10月9日には東京ドームで7万人近い観衆の前で戦っていたのである。

髙田延彦は、もうボロボロだった。

榊原信行は、そんな最中に出会った最後の、そして唯一の希望だった。

髙田はそこにすがり、そして、裏切られた。

俺には味方がいない。理解者もいない。これからも、ずっと。

それでも、彼は戦わなければならなかった。1997年10月11日、東京ドームでヒクソン・グレイシーと戦わなければならなかった。

暗い淵に転落し、飲み込まれていくような錯覚に陥りながら、髙田は再びトレーニングを開始した。

勝利の予感は、皆無だった。

髙田が初めてヒクソン・グレイシーの戦う様を見たのは、1994年のことだった。

「1993年の第1回UFCで優勝したホイス・グレイシーが『兄のヒクソンはわたしの10倍強い』と言ってたのは聞いてたんで、1994年、バーリ・トゥード・ジャパンの試合を録画しておいて、後で観たんだったかな。わたしが勝手に想像してたのは、UFCみたいな血なまぐさいイメージだったんだけど、実際に観てみると全然違ってた」

いうまでもなく、ヒクソン・グレイシーはブラジル人である。にもかかわらず、白いパンツ姿で東京ベイNKホールのリングに立つヒクソンの姿が、髙田には現代に甦った侍に見えた。

「UFCでのホイスを見た時は、正直自分の対戦相手としてのイメージが浮かんでこなかった。少なくとも戦ってみたいって欲求は湧いてこなかったんだけど、ヒクソンは違ってたね。ああ、こういうオーラを持ったファイターと戦ったらどうなるんだろうって、真っ先に想像してる自分がいた」

ただ、その凛とした佇まいに強い魅力を覚えつつ、髙田は強い危機感も抱いていた。

このままでは、プロレスが危ない。

常に色眼鏡で見られながら、それでも髙田がプロレスラーとして胸を張って生きてくることができたのは、プロレスこそが最強の格闘技であるとの信念があったからだった。髙田延彦は最強のプロレスラーであり、Uインターは最強のプロレス団体だと信じ、内外に発信してきたのが、Uインターという団体だった。

だが、「バーリ・トゥード＝すべて（TUDO）有効（VALE）」という身も蓋もないネーミングを持つ新たな格闘イベントは、血なまぐさくて、野蛮で、到底自分がそこで戦う姿は想像できなかったが、想像がついたこともあった。

やらせと見られることもある最強と、そんな心配が一切無用の最強。もし両者が交わらないまま進んでいけば、どちらの最強がより多くの支持を得るだろうか。

プロレスを、Uインターを守るためには、戦って最強を証明するしかない。

その思いは、Uインターの仲間たちも同じだった。

バーリ・トゥード・ジャパン94から約2カ月が経った10月8日、日本武道館のリングに上がった鈴木健は、「わたしどもは、プロレスが最強の格闘技であることを信じております。ですから、ヒクソン・グレイシーなる選手とグレイシー柔術なる格闘技に挑戦し、格闘技最強はプロレスリングであることを証明したいと思います」とぶち上げた。UFCやバーリ・トゥードを黙殺してきたプロレス界に激震を走らせる、宣戦布告だった。

さらにその2カ月後、Uインターは難航していたヒクソンとの交渉を一気に進展させるべく、ニュージーランドからの帰国子女で英語が堪能なファイター、安生洋二をロサンゼルスにあるグレイシーの道場に送り込む。

目的はあくまでも交渉だった。ただ、渡米を前にした安生が自らの口から「ヒットマンとして行ってくる」と宣言していたことを考えれば、交渉が交渉だけでは終わらない可能性もあった。

それでも、安生ならば何とかする、と髙田は思っていた。

「彼こそ、元祖IQレスラーなんですよ。とにかくね、『こんな技あるの？』『よくこんな技作るね』みたいな、いってみればスキルのクリエイターだったんですよ、彼は。あの時期の安生の実力、わたしは高く評価してましたからね」

だが、安生に対する信頼の厚さは、そのまま衝撃となって髙田を襲う。交渉のために乗り込んだ〝ヒットマン〟は、想定の範囲内だったが道場破りと見なされ、ヒクソン・

グレイシー本人に完膚無きまでに叩きのめされてしまったのである。

プロレスにはつきもののこととはいえ、安生はロサンゼルスに乗り込む前、「髙田さんが出ていくまでもない。200%、1分で勝てる」と豪語してしまっていた。そんな男が、顔面を血まみれにされて失神させられた。

最強をうたう団体の実力者が、木っ端微塵にされた――。

Uインターの受けたダメージは甚大だった。

それ以上に、髙田の受けたショックは大きかった。

バーリ・トゥード・ジャパン94を戦うヒクソンの映像を観て、間違いなく強いだろうとは思っていた。

だが、それにしても。

あの安生を。これほどまでに。

絶対に認めたくはなかった。認めるわけにもいかなかった。目を背け、そんなものは存在しないと必死になって言い聞かせた。

無駄だった。

どれほど必死になって否定しようが、〝それ〟は髙田の中に芽生え、存在してしまっていた。

気分が高揚している時は、忘れることもできた。それどころか、自分が前に進むためのエネルギーになることもあった。初めて榊原と出会った夜、ヒクソンへの思いを打ち明けた夜の髙田が、まさにそうだった。

しかし、交渉が難航し、思い描いていたような晴れ舞台の実現が難しそうだということが見えてくると、〝それ〟は再び頭をもたげ、髙田の内面をチロチロと炙り始めた。味方がいない、理解者がいないという疎外感が、火に油を注いだ。

恐怖という名の炎を、髙田は消せなくなっていた。

ヒクソンとやれる。そう聞いてすぐ、髙田は決心したことがあった。

「酒をやめなきゃ。まずそう思ったのね。ヒクソンとやる以上、自分を変えなきゃならない。酒なんか飲んでる場合じゃないだろうと」

それまでにも、大事な試合を前に一定期間酒を断つことはあった。ただ、それは自分を変えるため、コンディションを整えるためであると同時に、試合の向こう側に待っている祝杯を、自分を追い込むモチベーションにするため、という意味合いもあった。

髙田の酒は深く激しい。一度飲むとなると、自分にも仲間にもとことん深酒を強いる。

まるで、その場にいる者全員を意識不明にさせようとするがごとく、盃を重ね続ける。彼は、酒を飲むことが大好きだったが、それと同じぐらい、酒に飲まれることも好きだった。プロレスラーとしての業、社長業の激務——飲んで、飲まれることで髙田は忘れ、ストレスを発散させていた。

純粋にアスリート、格闘家として考えた場合、深酒にメリットを見いだすことは難しい。だが、内面に闇を抱えた人間・髙田延彦にとって、深く激しい酒は生きていく上で、精神状態のバランスを保っていく上で不可欠なものだった。

その酒を、彼は断った。

「いまになって振り返ってみれば、戦う上での入口を間違えてるよね。だって、酒に飲まれまいとして、ヒクソンに飲まれちゃってるんだから。あのヒクソン・グレイシーと戦うんだから自分を変えなきゃって、つまりはそれまでの自分がやってきたこと、自分のやり方を否定しちゃってるんだから」

それでも、その時点での髙田には、禁酒には必然性があるように思えていた。

「なんて言ったらいいのかな、自分の中で、ヒクソンがだんだん〝聖なる存在〟になりつつあったっていうかね。あの無駄のない豹のような、自然のボディワークで鍛え上げた肉体を見ると、サプリメントとって、マシン使って作り上げた自分の身体がすごく俗っぽく思えてきちゃって」

　自然との調和すら感じさせるヒクソンに対抗するには、自分の中にも自然を取り込まなくてはならない。自然にないものは排除しなくてはならない。

　そう考えたがゆえに、彼は酒を断ち、沖縄に向かった。

「恩納村っていうところの近くに、日本ハムファイターズがキャンプで使ってる野球場と陸上競技場があるんですよ。そこを借りて徹底的に走り込み。真夏の炎天下の中、ダッシュから長距離までガンガン追い込みました。走って走って走りまくって、あとはボディワーク。重い負荷のマシンは使わずに、極力腕立て伏せや懸垂をやって」

　食生活も全面的に変えた。

「それまで焼肉ガンガン食ってた人間が、ドレッシングをかけない、塩をパラッとかけただけのサラダと、鶏のササミしか食べない生活に切り換えたわけです。加えてハードな有酸素運動でしょ。当然のように体重は落ちていく。でもね、あの時のわたしは、それで自分の余計なものが削げ落ちていってくれてるって思ってた、いや、思いたがってたのかな」

　人間の身体には、たとえそれが本来は役に立たないものでも、薬になると信じて摂取すれば効いてしまう〝プラシーボ効果〟と呼ばれる現象が起きることがある。酒を断ち、有酸素運動を繰り返し、マシンを使わないボディワークに取り組んだ髙田が無意識のうちに期待したのも、まさしくそうした効果だった。

期待は、見事に裏切られる。

「ひょっとしたら、というか間違いなく、ああいう生活を送ったことで改善された部分、成長できた部分はあったと思う。でも、それ以上に問題の方が大きかったよね。徹底して油分を抜いたからなのか、身体のあちこちから悲鳴があがるようになった。プロレスで負ってきた古傷が、プロレス時代とはまるで違う生活になったことで、一気に不満の声をあげた感じだった」

最初は首、次は腰、続いて右足のカカト、さらに続いて左肩の鎖骨——長いプロレスラー人生の中でも経験したことがない、悪夢のようなトラブルの連鎖が始まった。病は気から、という言葉があるが、この時の髙田の精神状態は、病を治すどころか、むしろ引き起こしかねないほどに追い詰められていた。

トラブルは、止まらなくなった。

しかも、彼は戦いに臨む上で重大なことをひとつ見逃していた。

「物凄く一生懸命トレーニングはやったんですよ。毎日毎日、自分の限界ギリギリか、それを超えたところまで。でも、スパーリングをまったくやらなかった。つまり技術系のトレーニングは、完全に置き去りにしちゃったってこと。それこそ、アマレスのジムに行って半日ぐらいはグレコローマンをバンバンやって、あと打撃、それから柔術や関節技、グラウンドの練習。そういうのをやってれば、ひょっとしたらモチベーションが上がって前向きになっていたかもね。要は気持ちの問題なんだよ」

髙田がやろうとし、やってきたのは、せめて見せかけだけでもヒクソンに近づこうとするトレーニングだった。

ヒクソンを超えよう、倒そうとする視点が、根本的に抜け落ちていた。

自分には、ヒクソンを倒すための武器がない——髙田がその現実に気づいたのは、試合まであと2週間という時だった。

「ヒクソンと柔術の試合で数回引き分けたことがあるセルジオ・ルイスっていうブラジル人の柔術家をコーチとして呼んだのね。最終的なチェックと、最後の自信をつけるために。で、スパーリングをやった。身体のあちこちは痛かったけど、五分と五分な感じなわけですよ」

気をよくした髙田はセルジオに聞いた。

「いまの俺にできる、一番効果的な戦法、戦略をアドバイスしてくれって。そうしたら、まずは『寝るな』と」

高田は納得した。なにしろ相手はヒクソン・グレイシーである。寝技は彼のホームグラウンド。よし、わかった。寝ない。

「次のアドバイスが『殴るな』。殴ったらカウンターを合わせて飛びついてくるから、と」

これにも納得した。

「3つ目は『蹴るな』。蹴ったら脚を取られるよ、と」

蹴りは自分にとって最大の武器のひとつである。それでも、高田は妙に納得してしまっていた。そうか、柔術っていうのはそういう技まで持っているのか。聞いておいてよかった。

「で、最後にひとつ、大切なポイントがあるという。『スタンドで組むな』。とにかく彼のまわりをグルグルグルグルグルグルグルグル回ってろって。要は、ヒクソンに触るなってこと」

さすがに高田は唖然とした。ブラジルから呼び寄せたコーチのアドバイスを忠実に守るなら、100%、いや200%勝機はないということになる。

「でもね、彼は真顔で言うのよ。『自分にできるアドバイスはそれだけだ』って。うわーって感じですよ。俺って負けるためのアドバイスもらうために自腹切ってブラジルからコーチを呼んじゃったのかよって。嘘でもいいから『とにかく打って打って打ちまくれ』とか『ローだってバチバチいけ』とか言ってほしかったんだけどね」

コーチはきっちりとギャラを受け取り、「今回わたしが君を指導したことは、くれぐれも内密に」と念押しをして帰国した。

目の前が真っ暗になる、という現象が、現実に起こりうるということを髙田は知った。

「大げさじゃなく、ガーッと視界が暗くなっちゃったのよ、あのアドバイスではなく〝死刑宣告〟をもらった時から。試合まではあと1週間か10日ぐらいで、いつもであればモチベーションもテンションもマックスになってなきゃいけない時期なのに、うわ、あと6日しかない、おい、5日になっちゃったよ——そんな感じ。毎日毎日、破滅へのカウントダウンを聞かされてる気分だった」

戦う上で必須となる自分を信じる力は、戦う前に根絶やしにされてしまった。それでも、戦いの日は迫ってくる。自信が無理ならば、盲信でもいい。何でもいいから、とにかく、信じられるものが欲しかった。

「あの時のわたしはどこまでも間が悪くて、さあいよいよ明日が試合だってなった日に、熱を出しちゃったんです。普段だったら薬で抑えるところなんだけど、ヒクソン側がドーピングには非常にナーバスだったんで、友人のドクターから苦肉の策として、ある治療法を教えてもらったんですよ。それは大きなバケツにお湯溜めて、そこに山のような大量のすりおろした生姜を入れて、足を温めて何とかしようと。で、バケツに足を突っ込んでる間、これでも見て気持ちを高めたらいかがですかって知人からもらったのがライオンの写真集」

高熱と生姜湯でボーッとした頭でも、自分のやっていることが相当に馬鹿げて見えるだろうことはわかった。だが、写真集を放り捨てることも、髙田にはできなかった。すがれるものがあるのならば、何にだってすがる。それが本音だった。

たとえば、神秘の力にも。

「試合の日は祈禱師の方に来てもらうことにしました。年配の女性の方。控室で邪気みたいなものを追い払ってもらおうと、知人に紹介していただいた方だったんだけどね」

身長180センチのヒクソン・グレイシーが、髙田の中では220センチのアンドレ・ザ・ジャイアントよりも大きな存在になっていた。

髙田延彦は頼れるもの、すがれるもの、力になってくれそうなもの、すべてを取り入れようとした。そうするしかなかった。

それでも、彼が必要としていたものは、手に入らなかった。

まるで。

ライオンの写真集に効果があったかは定かでないものの、生姜湯には確かに効果があったらしい。試合当日の朝、平熱に戻っていた。

「ベッドのシーツがびしょびしょになるぐらいの汗をかいてたからね。悪いものがだいぶ排出された感じだった。ちょっとホッとして、近所の公園で軽くジョギングしながらシャドーボクシングして、家に帰って、食事して。それから出発したと思う」

いつもとは違う戦いに、髙田は、いつもと同じ顔を作って家を出た。妻の向井亜紀も、いつものように「頑張って、いってらっしゃい」と声をかけてくれた。

だが、もちろん、髙田の内面は「いつも」とは違っていた。

「暗かったよ。だって、行きたくないんだもん。もうね、この時点では俺の頭の中にイメージができあがっちゃってるわけ。東京ドーム、イコール、死刑台。俺、これから殺されに行くのか、としか思えなかった」

もし、地上波での放送が実現していたら、新聞を見て気分転換をすることができたかもしれない。

ラジオ・テレビの番組欄を見る。そこに自分とヒクソン・グレイシーの名前を見つける。死刑台に向かう恐怖は、スポットライトを浴びる高揚感が打ち消してくれたかもしれなかった。

だが、1997年10月11日のラテ欄に二人の名前はない。

ミハエル・シューマッハが優勝することになるF1日本グランプリの放送を翌日に控えたフジテレビは、17時から予選の様子を放送し、19時からは人気バラエティ番組『めちゃ×2イケてるッ！』の1周年スペシャル、21時からはゴールデン洋画劇場特別企画『釣りバカ日誌5』という番組編成になっていた。『釣りバカ日誌5』が〝特別企画〟という扱いになっていたのは、洋画ではなかったから、ということなのだろう。

髙田が期待を寄せていた日本テレビはというと、19時から『スーパースペシャル97・日本テレビ音楽の祭典・1億3000万人が選ぶ21世紀に残したい歌』、21時からはレギュラー番組の『THE夜もヒッパレSPECIAL』だった。

視聴率で他局に大きくヒケをとっているかわり、独自路線に定評のあったテレビ東京は19時から『初秋日本の豪華列車で行く美味と温泉旅』、21時からはレギュラー番組の『出没！　アド街ック天国』という番組編成だった。

新日本プロレスとの関係を考慮し、榊原たちが最初からアプローチをしなかったテレビ朝日は19時から『藤田まことヒューマン時代劇スペシャル』、21時からは『土曜ワイド劇場・和久峻三法廷サスペンス』という編成である。

そして、アプローチはしたものの食いついてこなかったTBSは、18時からは地球の平和を守るためにつるの剛士が光の巨人に変身する『ウルトラマンダイナ』、19時からは『どうぶつ奇想天外！　秋の特別版』という編成で、21時からは間違いなく高視聴率が期待できるフランス・ワールドカップのアジア最終予選の第5戦、ウズベキスタン対日本の衛星中継が入っていた。

4年前、悲願のワールドカップ出場まであと数秒というところまでいきながら力尽きた、いわゆる〝ドーハの悲劇〟の記憶は、まだ鮮明に日本社会に残っていた。民放各局が順番に担当したドーハでの視聴率がおしなべて高かったこともあり、サッカーのアジア最終予選は国民的関心が寄せられる中で進んでいた。NHKと一部のマニアしか注目していなかった時代は、完全に過去のものとなりつつあった。

しかも、約1週間前にカザフスタンで行われた第4戦で、日本はロスタイムに痛恨の同点弾を許し、チームの指揮をとっていた加茂周監督が現地で解任されるという激震に見舞われていた。世間の耳目を集めるには十分すぎるほどの条件が、この時の日本サッカーには揃っていた。

もっとも、葬送行進曲を聞くような思いでヒクソン戦へのカウントダウンをしていたこの時の高田に、日本サッカーに興味を持つ余裕などあるはずがない。余談になるが、高校まではサッカー少年だった榊原さえ、この時期にワールドカップ予選が行われていたという記憶がほとんどないという。

1997年10月11日の日本社会は、東京ドームで行われる格闘技の決戦にほぼ無関心だった。

それでも、髙田は戦いの場に赴かなければならなかった。

東京ドームへは自分のクルマで向かった。

「どうやって東京ドームに行ったのか、ほとんど記憶がないんですよ。そのくせ、目に飛び込んでくる風景ひとつひとつが妙に印象深くって。心のどこかで、ああ、これが見納めか、最後になるのかって思ってたんだろうね」

土曜日の昼間、世田谷から都心に向かう交通の流れはスムースなことが多い。暗澹たる気持ちであとにした自宅から〝最終目的地〟までは、30分ほどしかかからなかった。

三塁側のビジターチームが使うベンチの裏に用意された控室は先乗りしていた祈禱師によって、真っ赤に染められていた。それが力をもたらす色だということで、壁という壁、扉という扉に赤い大布が掛けられていたのである。

「あっちこっちに塩を撒いたり置いたりもしてあって、数珠かなんかでいろいろとやってくださったんですよ。こちらの気が乗っている時であれば、自分がいい状態の時であれば、たぶん、ストレートにエネルギーに変わったと思うんだ。精神が前向きな時であれば、ああいうのって絶対にアリだと思う。もともと、わたしは怪我が多かった時期に、名古屋にいらっしゃる霊的能力が高いことで有名な方にお願いして改名してるような人間だから、そういう目に見えない力みたいなものは、どちらかというと信じてるタイプなのよ。試合の時はいつも左足のレガースの裏にお守りを忍ばせていたし、ビッグマッチでリングに上がる際は塩をひとつまみ持っていくようにもしてた。そういう人間なの。でも、あの時は本当に申し訳ないんだけど、まるで心のヒダの中に入ってきてくれないっていうか、染み込んでこないんですよ」

　効果のほどはともかく、祈禱師の女性が高田のために懸命の祈りを捧げたのは間違いない。だが、この時の高田の頭の中にあったのは、セルジオ・ルイスの言葉だけだった。

「寝るな、殴るな、蹴るな、組むな、だからね。あの祈禱師の方だけじゃない。世界中のどんだけ凄い霊能者が来ても、破滅への4段論法かまされちゃった人間の気持ちをポジティブにするのは難しかったと思う。なにしろこっちは、これから死刑台に向かおうとしている気分だったんだから」

赤く染まった控室には、Uインターから派生したプロレス団体、キングダムの選手たちが顔を揃えていた。

「みんな心配してくれてたんだろうね。いろいろ手伝ってくれたし、ずっと立って外の様子を見ててくれたり——それははっきり覚えてる。みんなはこっちが見たことがないほどピリピリしてるのはわかるわけだから、物凄く声をかけづらかったと思う。でも、彼らがああやって控室にいてくれたっていうのは、本当にありがたかった」

髙田が東京ドームに入ってまもなく、大会が始まった。

第1試合では日本の総合格闘家・村上一成が、1ラウンド1分34秒、投げ技からの腕ひしぎ十字固めでアメリカのジョン・ディクソンを下した。

第2試合は後に「PRIDEの番人」と呼ばれることになるトリニダード・トバゴのゲーリー・グッドリッジが、1ラウンド4分57秒、右フックと追撃のパウンドでロシアのオレッグ・タクタロフをノックアウトした。

4万人を超える観客が集まった場内が大きな盛り上がりを見せたのは、第3試合だった。日本の総合格闘家・小路晃が、ヒクソン・グレイシーと血縁関係にあるヘンゾ・グレイシーと3ラウンド30分を戦い抜き、引き分けたのである。圧倒的劣勢を予想されていた小路は、試合後のリングで「何がグレイシーじゃあ！　何が日本最弱じゃあ！」と叫んだ。

その様子を、高田は控室のモニターで観ていた。

「驚いてはいるんだよ、なんだ、この小路晃ってやつは!? って。でも、それが自分の力にはならないんだよね。本来だったら、日本人がグレイシー一族相手に押し気味に戦って引き分けたんだから、じゃあ自分も……ってなっていいところなんだけど、とにかく精神的に徹底的に落ちちゃってる状態だったからね」

第3試合が終わると、場内では女優の藤谷美和子がボーカルを務めるバンドのライブが始まった。残るはあと5試合、かつて高田も戦った大相撲の元横綱・北尾光覇《みつはる》がオーストラリアのネイサン・ジョーンズと。K－1で活躍してきたブランコ・シカティックがアメリカのラルフ・ホワイトと。空手家・黒澤浩樹がロシアのイゴール・メインダートと。そしてセミファイナルでは榊原が関わったK－1LEGEND乱にも出場したキモがアメリカのダニエル・スバーンと戦った。シカティック、黒澤の試合はこの大会のために制定された「PRIDEルール」ではなく、立ち技限定ルールで行われたため、スペシャルマッチという扱いだった。

まもなく、運営スタッフから高田に、「そろそろ時間です」と声がかかった。

赤一色で染められた控室から出てきた高田を飲み込んだマイクロバスは、東京ドームの構造上、一度ドームの外へ出てからバックステージに直結する入口に向かう。

「小雨が降り出してたのかなあ。バスの窓から、楽しそうな親子連れやカップルの姿が見えるわけよ。あの時、あの瞬間に後頭部と延髄あたりにグーッとのしかかってきた感覚っていうのは、たぶん一生忘れない。うわ、やっぱシャバっていいな、行きたくねえな……って猛烈に思った。でも、バスはゆっくり進んでく。死刑囚を乗せた護送車みたいなもんだよ」

それは、目をつむって綱渡りに挑もうとしていた者が、ふとした拍子に瞼を開いてしまい、眼下に広がる断崖絶壁に気づいてしまったようなものだったかもしれない。

死は、すぐそこに待ち受けている。助けてくれる者は、いない。

孤独を感じたことならば何回もあった。それでも、かくも強烈に自分一人が隔絶されたような感覚を味わったことが、髙田にはなかった。

引き返すことは、もうできない。

再びバスは東京ドームの中に入った。

出番が、来た。

凄まじい歓声と眩いばかりの光がバックステージを包む。紫のガウンをまとった髙田は、フードを目深にかぶり、ゆっくりとリングへ向かった。

花道に続くスロープを下りたところで、キングダムの仲間たちが髙田の行進に加わった。右手に寄り添う形になった安生洋二は拳を振り上げて髙田への声援を、エネルギーを場内から絞り出そうとしていた。

死刑台が、少しずつ、少しずつ近づいてくる。移動するバスの中で感じてしまった絶望は、髙田の中に色濃く残っている。だが、プロレスラーとしての経験が、矜持が、ともすれば溢れ出そうになる恐怖をなんとか封じ込め、死刑台に上る気分だった男の顔を、戦いの場に臨む戦士のそれに近づけていた。

結果として4の字固めで敗れることになる花道でも、誰にもそれを感じさせなかったように――。

赤コーナー下に到着した髙田は、しばし安生と抱き合った。かつてヒクソンに屈した男と、これから挑もうとする男の抱擁。髙田の耳元で安生が何やら囁く。見る者に様々な歴史や物語を思い起こさせる感動的な光景だったが、実は、二人の間にセンチメンタルな感情があったわけではなかった。

「足の裏に松脂をつけすぎちゃったんだよね。ベタベタする感じだったから、安生に抱きつく感じで足の裏をこすって落としてた。安生が言ってたのは、『落ち着いていきましょう』ぐらいのことだったんじゃないかな」

松脂は無事に落ちた。髙田はフードをかぶったままリングに向かって軽く頭を下げ、若手の桜庭和志が広げておいてくれたロープの隙間をくぐってリングに入った。フードを払いのけ、今度は二度、深く頭を下げる。

髙田は、死刑台に足を踏み入れた。

視線の先に、ヒクソン・グレイシーがいた。

冷静沈着でいられるはずのない状況で、しかし、この時の髙田は不思議なぐらい静かな気持ちに包まれていた。

「落ち着いてたっていうのとはちょっと違う。沈んで沈んで沈みきって、海底の静けさっていうのかな、そんな感じだった。ああいう心境になったのは後にも先にもあの時だけだね。リングインしてからの光景は、いまでも絵に描けるぐらい鮮明に残ってる。対角線にいるヒクソンの姿。黒光りした身体に後光がさしてて、凄くいい眼をしてた。それと、国歌吹奏。へえ、ブラジルの国歌ってこんなんだったんだって、妙に感心してたのを覚えてる」

まだサッカーの日本代表はワールドカップを知らず、一般的な国歌に比べるとずいぶんと長く、また音階の複雑なブラジルの国歌を聞いたことのある日本人は圧倒的に少数派だった。髙田の感心は、そのまま東京ドームに集まった4万6863人の驚きでもあったろう。

　ブラジル国歌は吹奏だったが、君が代は独唱だった。歌い手を務めたのはロックバンドSHOW－YAのボーカル寺田恵子である。

「不思議なもので、あそこで初めて聞いたブラジル国歌は鮮烈に記憶してるのに、君が代はほとんど覚えてないんだよね。いまになって思うと、自分の中のセンサーが、ヒクソンに関係あることだけは非常に鋭敏にキャッチしていた反面、その他のことや自分に関することには凄く鈍感になっていた気がする」

　君が代の独唱が終わった。リングアナが両者の名前を読み上げた。

　まもなく戦いが始まる。始まってしまう。

　いかにしてヒクソンと戦い、倒すのか。髙田には何のアイデアもなかった。

　アントニオ猪木に憧れ、ライオンをモチーフとした新日本プロレスのエンブレムを心底誇りとしてきた男は、気の遠くなりそうな後悔とともに悟りつつあった。

　髙田延彦は、ライオンになることを望んだ男だった。ライオンになるために、『ライオン・キング』を演じてきた男だった。シンバのような存在になるためにしてきた努力なら、誰にも負けない自信があった。

　だが、目の前にいるのは、本物のライオンだった。

武器を持たない人間対ライオン。
勝てるはずが、ない。

第六章　20年後のライオン

そのスペイン語を直訳すれば「王様の波止場」とでもなるのだろうか。

ロサンゼルス国際空港からクルマを20分ほど西へ走らせたところに、世界最大のヨットハーバー、マリーナ・デル・レイはある。

8つの入り江があり、7800艇ものヨット、クルーザーが停泊可能だというヨットハーバーには、常時5000艇程度のヨットが、静かにオーナーの訪れと大海原へ乗り出す時を待っている。

そのほとんどが輝くほどに磨き上げられているのはオーナーの労力ではなく、財力によるところが大きい。デッキブラシを持ってマリーナをせわしなく行き交う男たちの多くは、「わたし」を「I」ではなく「Yo」で表現する者たちだった。第45代アメリカ合衆国大統領に性犯罪者呼ばわりされた彼らの労働力が失われれば、ハーバーの美観は大きく損なわれることになるだろう。

多くの高級レストラン、一流ホテルが立ち並ぶこのエリアは、いわゆるセレブリティたちのリゾートとしても名高く、ハリウッドスターがお忍びで足を運ぶことも珍しくない。大都会ロサンゼルスの一部でありながら、マリーナ・デル・レイは高級リゾートとしての側面も色濃く持っている。

ザ・リッツ・カールトン・マリーナ・デル・レイは、そんなエリアの中でもトップクラスの高級ホテルである。

ハーバーを取り囲む大通りに面したこのホテルには、愛好家たちにとっては垂涎の的とされる美しいバラ庭園があり、映画やテレビなどのロケで頻繁に使用されているプールは、ロサンゼルスで最も素晴らしいプールのひとつといわれている。

ビーチを一望できるテラスには、景色を愛でながら食事と酒を楽しみたい上客のために、最先端のバーベキューセットが内蔵されたテーブルとソファが用意されている。立ち上がる炎は、夜になればロマンチックな効果も発揮するのだろう。

約束の時間、午前11時にはまだ30分ほど早かった。

ランチタイムには早すぎることもあって、もうすぐ賑わってくるはずのテラスには、まだ一人の客も来ていなかった。

素晴らしく愛想のいいウェイターによく冷えたガス入りのミネラルウォーターを注文

し、わたしたちは待ち人が姿を現すのを待った。

果たして彼は時間通りに来てくれるのか。そもそも、指定してきた場所にやってきてくれるのか――。

すべては杞憂だった。

午前10時57分、グレーのキャップ、青いシャツにデニムというラフな出で立ちで、彼は現れた。

こちらが立ち上がって右手を差し出すと、彼はサングラスを外し、人懐っこい笑顔とともに力強く握り返してきた。

意外なぐらい柔らかく、温かい手だった。

頭の中で繰り返し練習してきたポルトガル語の挨拶が、どこかへすっ飛んでしまった。狼狽しつつ、普段よりさらにお粗末になってしまった英語で自己紹介すると、濃い褐色の瞳に面白がっているような色が浮かんだ。

「よろしく、わたしがヒクソン・グレイシーだ。キミのことは聞いてるよ」

20年前、東京ドームで髙田延彦に本物のライオンを想起させた男が、優しい笑みを浮かべていた。

「じゃあ、始めようか。何でも答える。何でも聞いてくれ」

ソファに腰を下ろした400戦無敗の男がミネラルウォーターに口をつけると、インタビューが始まった。2日間、合計で7時間になる、長いインタビューの始まりだった。

初めて榊原信行と会った日のことを、彼はよく覚えていた。

「あれは1996年、バーリ・トゥード・ジャパンのホイラー戦の翌日だった。わたしたちが宿泊していたホテルのラウンジでの待ち合わせだった」

写真集や展覧会の打ち合わせをするつもりだったヒクソンに、初めて会った日本人は思わぬ提案をぶつけてきた。

「新しいものを作りたい。彼はそう言ったんだ。わたしにとっては実に興味深く、また刺激的な提案だった。というのも、当時のバーリ・トゥード・ジャパンは小さなイベントで、そこに関わっている人たちはバーリ・トゥード・ジャパンをもっと大きな大会にするために頑張ってはいたけれど、たとえば資本であったり、ノウハウであったり、次のステップに進むための能力を持ち合わせていなかった。では、自分はこれからどうするべきか。目指すべきところは明確だった。でも、どうしたらそこに行けるかわからない。そんな時に受けた、榊原さんの提案だった」

彼が目指していたのは、いかにグレイシー柔術が実用的で、いかに強いかを世界に向けて発信していくことだった。それは「彼」というより、グレイシー家に生まれた者の宿命であり悲願でもあった。一家の長男ホリオン・グレイシーがアメリカでUFCを立ち上げたのも、根底に同じ思いがあったからに他ならない。

ただ、創立まもないバーリ・トゥード・ジャパンを2連覇しても、ヒクソンの身のまわりに大きな変化は起きなかった。確かに知名度は高まった。格闘技系の雑誌から取材されることも増えた。しかし、ほとんどの日本人は彼の顔と名前を知らず、新聞やテレビが大会を大きく取り上げることもなかった。

このままでは、求めているものは手に入らない。

MMAの世界では、すでにカリスマ的な存在だったヒクソンである。それは日本に来てから獲得した立場ではない。1987年、兄ホリオンに誘われてアメリカに渡った時点で、彼はもう知る人ぞ知る存在だった。

だが、彼が求めていたのは、「誰もが知っている」という立場だった。誰もがグレイシー柔術の素晴らしさを知り、誰もがその具現者としてヒクソン・グレイシーを意識する。それを目指すために彼はアメリカに渡り、日本での戦いに参加したのだった。

バーリ・トゥード・ジャパンが行われた東京ベイNKホールの収容人員は最大で8000人だった。決して小さい箱ではないものの、社会的なムーブメントを起こすにはとても十分とは言い難い。

彼は、行き詰まりを感じていた。感じていたがゆえに、1996年のバーリ・トゥード・ジャパンには自分ではなく、弟のホイラーを出場させたのである。

そんな時期に差し出された榊原の提案だった。

断る理由など、あるはずがない。

「榊原さんがわたしに何を見いだしたのかはわからない。ひょっとしたら、わたしの中にある武士道精神を見いだしてくれたのかもしれないが、それは榊原さんに聞いてくれ。ただ、彼の提案を聞いた瞬間、これはチャンスかもしれない、人生の転機になるかもしれない、とは思ったね」

最高のタイミングで訪れた、最高の提案だった。この時期のヒクソンには、日本で戦う選択肢の他に、兄がアメリカで立ち上げたUFCを主戦場とする選択肢も残っていたからである。

ただ、できることならば、後者を選びたくはなかった。

「わたしをアメリカに呼んでくれたのはホリオンだった。彼は柔術を警察に教えたり、軍の特殊部隊に教えたりと、様々なセミナーを開いてかなりの成功を収めていた。それで、仕事を手伝ってほしいということで、わたしに声がかかったんだ。自分としても、もうブラジルでできることはすべてやったと感じ始めていた時期だったから、思い切って移住することにした」

期待に胸を膨らませて北半球へと渡ったヒクソンだったが、当時の彼はまったくといっていいほど英語が話せなかった。となれば、兄でもあり英語が達者なホリオンに寄り掛からざるをえず、両者の間には期せずして〝圧倒的な縦の関係〟が生まれた。

侍の生き様や武士道に憧れてきたヒクソンである。縦の関係に対する免疫力は一般的なブラジル人よりはあるはずだった。まして、主の立場にあるのは実の兄でもある。

だが、ホリオンが強いてきた主従関係は、ヒクソンが理想とするものとは違った。

「わたしにとってのいいリーダーとは、愛情を持って下の者に接する人間で、独裁者とは力を持ってねじ伏せる人間なんだが、残念なことに、ホリオンはいいリーダーではなく独裁者だった。わたしだけでなく、ホイラー、ヘンゾ、ジャン・ジャックをはじめとするマチャド兄弟――すべてホリオンが呼んだ者だけれど、我々は彼の奴隷じゃない。いつ頃からだったか、彼に対する不満は募るばかりになっていたんだ」

それでも、ビジネスの権利はすべてホリオンに握られてしまっている。どれほど不満が募ろうとも、アメリカで生きていく以上、ヒクソンたちは兄の言いなりになるしかなかった。

ホリオンがアメリカ人のビジネスパートナーとともに第1回のUFCを立ち上げたことで、ヒクソンの立場はさらに弱いものとなった。

独裁者は、ついに戦いの舞台をも手中に収めた。その舞台は1993年当時、柔術家が高額の報酬を得ることができる唯一の舞台でもあった。

しかも、そこで勝ったのはヒクソンではなく弟のホイスだった。

「ホイスは一族の中でも決して強い方ではなかったから、いい経験になるだろうということでエントリーさせたんだ。ところが、そこで優勝してしまった。それからのホイスは明らかに増長してしまったし、ホリオンからすると、ホイスで勝てるのであれば何かと楯突くわたしを使う必要はない。はっきり言えば、ホリオンはホイスで金儲けをしようと動き始め、わたしにはいつチャンスが回ってくるかがわからない状況になっていた」

かつてルタリブレとの対抗戦の際も、ヒクソンは温存された。大事な戦いの場にあっても、常に切り札を残しておくのはグレイシー一族にとって珍しいことではない。ただ、UFCという画期的な大会の出現と、そこで大男たちを圧倒した小さなホイス・グレイシーが引き起こした衝撃は、あらかじめ一族が予想していたものをはるかに上回っていた。一躍時の人となった若いホイスに、他の兄弟からすると増長しているように見える振る舞いがあったとしても、無理からぬところはある。

ただ、ヒクソンとホリオンの関係をいよいよ悪化させたのがホイスの優勝だったとしたら、ヒクソンに新しい道をもたらしたのもホイスの優勝だった。

「兄のヒクソンはわたしの10倍強い、というホイスの言葉に興味を持った人が何人かいて、そのうちの一人が佐山聡さんだった。バーリ・トゥード・ジャパンという大会を開催するから出場してくれないか。そうオファーを出してくれた」

初代タイガーマスクとして活躍し、活動の方向性をプロレスから総合格闘技へと大きく舵を切った男からの誘いに、ヒクソンの気持ちは揺れた。

彼にとって、日本は特別な意味を持っていたからである。

ヒクソンが初めて日本という国を意識したのは、15歳の時だった。

「いまも昔もわたしが読書家であったことはほとんどないんだが、あの時だけは別だった。つい不注意で汚い水を飲んでしまい、肝炎になってしまったんだよ」

全身の倦怠感や嘔吐、下痢を伴う肝炎は、一にも二にも安静が大事といわれる病気である。どれほど頑健な肉体を持つアスリートであってもそれは変わらない。ベッドに横たわり、補液を続けながらウィルスが身体から抜けるのを待つ。短くて1カ月、運が悪ければ2カ月以上、そんな毎日を過ごすことになる。

身体を動かすことが大好きな15歳の少年にとっては、悪夢のような苦行だった。

「とにかく時間が過ぎていくのが遅くてね。堪りかねて本でも読んでみようかっていう気になった。それが『SHOGUN』という本だった」

『SHOGUN』とは、不朽の名作映画『大脱走』の共同脚本家しても知られるイギリス人作家ジェームズ・クラベルが1975年に出版した、全世界で1500万部を売り上げた大ベストセラーである。日本人からするといささか荒唐無稽な部分が目につくものの、三浦按針をモデルとしたこの小説は、後にアメリカでテレビドラマ化され、エミー賞、ゴールデングローブ賞を受賞している。主演は映画『三銃士』や『タワーリング・インフェルノ』で好演したリチャード・チェンバレン、日本からも三船敏郎や島田陽子、フランキー堺など錚々たる面々が脇を固めていた。

その『SHOGUN』が家の本棚にあった。子供の頃から現在に至るまで、読書家であったことはほとんどないと言うヒクソンだが、この時ばかりは無聊《ぶりよう》に耐えかね、思わず本棚に手を伸ばしてしまった。

読み進めるうち、少年の胸に衝撃が走った。

「あの本に描かれていたのは、自らの尊厳であったり、生き方であったり、勝負の仕方

郵便はがき

料金受取人払郵便

代々木局承認

1536

差出有効期間
平成30年11月
9日まで

1518790

203

東京都渋谷区千駄ヶ谷4-9-7

（株）幻冬舎

書籍編集部宛

1518790203

ご住所 〒 都・道 府・県	
	フリガナ お名前
メール	

インターネットでも回答を受け付けております
http://www.gentosha.co.jp/e/

裏面のご感想を広告等、書籍のPRに使わせていただく場合がございます。

幻冬舎より、著者に関する新しいお知らせ・小社および関連会社、広告主からのご案内を送付することがあります。不要の場合は右の欄にレ印をご記入ください。

不要 □

本書をお買い上げいただき、誠にありがとうございました。
質問にお答えいただけたら幸いです。

◎ご購入いただいた書名をご記入ください。

『　　　　　　　　　　　　　　　　　　　　　　　　』

★著者へのメッセージ、または本書のご感想をお書きください。

●本書をお求めになった動機は？

①著者が好きだから　②タイトルにひかれて　③テーマにひかれて
④カバーにひかれて　⑤帯のコピーにひかれて　⑥新聞で見て
⑦インターネットで知って　⑧売れてるから／話題だから
⑨役に立ちそうだから

生年月日	西暦　　　年　　　月　　　日（　　　歳）男・女			
ご職業	①学生	②教員・研究職	③公務員	④農林漁業
	⑤専門・技術職	⑥自由業	⑦自営業	⑧会社役員
	⑨会社員	⑩専業主夫・主婦	⑪パート・アルバイト	
	⑫無職	⑬その他（　　　　　　　）		

ご記入いただきました個人情報については、許可なく他の目的で使用することはありません。ご協力ありがとうございました。

であったり――つまりはわたしが柔術をやりながら追い求めてきたもの、そのものだった。あの時に初めて知ったんだ。自分の追い求めていたスタイルは〝武士道〟という言葉で表現できることを」

以来、ヒクソンにとって日本は特別な存在になった。

そもそも、柔術というネーミングからも明らかなように、ヒクソンとその血族が心血を注いできた格闘術は、日本にルーツを持っている。ヒクソンにとって伯父にあたるカーロス・グレイシーとコンデ・コマとして知られた日本人の柔道家・前田光世が出会ったことで柔術の種はブラジルに蒔かれたのである。

ただ、直接の指導を受けた伯父や父のエリオとは違い、ヒクソンにとっての前田は名前だけの存在であり、また、当時のリオ・デ・ジャネイロは日系人、日本人移民のほとんどいない街だった。だから、『SHOGUN』と出会うまでのヒクソンにとって、柔術と日本との間の関連性はないも同然だった。

少年にとっての柔術は、日本由来のものというよりは、グレイシー一族のものだったのである。

だが、一冊の本によって彼は日本を知った。いや、「知った」というよりは「出現した」と表現するべきかもしれない。それまで何もなかったところに、突如として巨大な建築物が姿を現したような驚愕を、ヒクソンはベッドの上で感じていた。

「わたしが追求し、理想としてきた生き方をしている人たちの国がある！　それはもう、痺れるほどの喜びだった」

幼い頃から柔術のトレーニングを課されてきた彼は、当然のことながら周囲にいる一般的なリオの少年とは毛色が違っていた。人並みにサッカーは好きだったし、アイドルは贔屓にしていたフルミネンセのスターにしてブラジル代表の左利きのテクニシャン、ホベルト・ヒベリーノだった。

ただ、自分もいつかはブラジル代表に、などということは一切頭になかった。

「まずセンスというものがなかったからね。サッカーの試合に出たとしても、わたしにできることはほとんどなかった。あえて言うなら、乱闘が起こった時のためのボディガード要員かな」

仮に神がヒクソン少年に最高の〝エラシコ〟を駆使する能力を授けていたとしても、少年の情熱すべてがサッカーに向けられることはなかっただろう。物心がついた時点で、自分は柔術家として生きていくのだという確固たる信念が、彼の中には根づいていた。

ちなみに〝エラシコ〟とは、ブラジル初の日系人プロ選手でもあるセルジオ越後が編み出し、ヒベリーノに伝授した、ボールまたぎのフェイントのことである。柔術といい、

『SHOGUN』といい、そしてヒベリーノといい、ヒクソン少年が惹かれたものにはおしなべて日本が絡んでいたことになる。

　何にせよ、常に自分を律し、仲間との草サッカーではなく道場へ通う15歳は、1970年代のリオにおいて完全なマイノリティだった。そのことに何ら不満は感じていなかったヒクソンだったが、はるか遠い島国に、自分と同じように考え、自分と同じような生き方をしている人間がいるという〝事実〟は、信じられないほどの心強さ、連帯感をかきたててくれた。

「だから、佐山さんからバーリ・トゥード・ジャパンへの出場を持ちかけられた時の驚きは忘れられないし、実際に日本へ行くことが決まった時は少しばかり緊張もした。だって、あの時のわたしは本気で信じていたんだから。ついに侍たちの国に行くことができる。皆が誇りを持ち、背筋を伸ばし、いつ死んでもいいと覚悟を固めて生きている人たちの国、自分と心の底から理解し合える人たちばかりの国に行ける、とね」

　むろん、幻想はすぐに消えた。

　あっさりと。そして完璧に。

　さすがに腰に大刀を差し、髷を結った侍が街を闊歩しているとまでは思っていなかった。それでも、身なりが変わっただけで、道行く男たちの中身は侍に違いないとヒクソンは思っていた。

だが、どうも様子がおかしい。

「日本人が優秀な国民だということはすぐにわかった。治安もいい。経済的にも素晴らしく発展している。でも、わたしが思い描いていたものとは、あまりにも違っていた。何かが足りない。では、何が足りないのか。答えはすぐにわかった。侍の精神だよ」

彼には確信があった。精神は、目に見える。武士道の精神に則った生き方をしていれば、それは確実に顔つきや立ち居振る舞いとなって現れる。

初めてヒクソン・グレイシーの戦う姿を見た髙田延彦は、誰に指摘されるまでもなくそこに侍の姿と精神を見いだした。精神は目に見えるというヒクソンの考え方は、日本人によって証明されたことになる。ところが、侍たちの国に来たはずのヒクソンは、道行く日本人に侍を見いだすことができなかった。

「武士道という考え方はこの国で生まれたはずなのに、現代に生きる日本人の多くは、武士道を忘れてしまっている。わたしはブラジルに生まれ、ブラジルで育ち、日本とはほぼ無縁の生き方をしてきたけれど、わたしの中には日本人が失ってしまったものがあると気づいた。皮肉だし、不思議だったよ」

日本は、すでに侍の国ではなかった。武士道が息づく国でもなかった。日本人にとっては当たり前の事実を知ったヒクソンの胸に、新たな考えが浮かんだ。

「自分が現世に生きる侍であり続けることを、これからの目標に、務めにしていこうと思ったんだ。日本人のみならず、世界中の人々が侍の精神を受け継いでいけば、本当に素晴らしい世の中になっていくはず。だったら、誰でもないこのわたしが侍の生き方を貫くことで、日本人に、世界中の人たちに武士道というものを知ってもらいたい。そんな使命感に駆られたんだ」

侍がいなくなってしまっていたことに失望はあった。だが、バーリ・トゥード・ジャパンに出場したことで、意外な収穫、発見もあった。それは、格闘技を観る日本人の情熱や姿勢は、他の国の人たちと明らかに違っていたということだった。

「わたしは長くアメリカで生活しているし、あの国の素晴らしいところもたくさん知っている。ただ、MMAを観に来るお客さんは、そこに精神性なんか求めちゃいない。ビールを飲みながら、大男たちの血みどろの殴り合いを楽しむ。求めているのはどちらが勝つか負けるか。ただそれだけだ」

日本の観客は、違った。

「彼らはじっと観てくれた。わたしが何をやり、どう戦うか、細かいところまで凝視してくれた。バイオレンスを楽しむのではなく、格闘技の技術のせめぎ合いを楽しんでくれているのがよくわかった」

彼にそのことを強く実感させたのは、バーリ・トゥード・ジャパン95で中井祐樹と決勝を戦った後のエピソードである。

「知っているかもしれないけれど、中井選手は1回戦で戦った相手にサミングを受け、右目が完全にふさがった状態で決勝まで勝ち上がってきた。自分が勝つことだけを考えれば、わたしにとって一番安全で確実な手段はパウンドすることだった。でも、わたしはあえてそうしなかった。中井選手をナメたわけじゃない。ただ、あれほど傷つきながらそれでも勝ち上がってきた男には、あえて技術で勝負をしたかった。誰からも理解されなくたっていい。それが自分のやり方、生き方だ。そう思って戦い、チョークスリーパーで勝った。そうしたら試合後、思いがけないぐらいたくさんの人に聞かれたんだ。どうしてパウンドにいかなかったんですか？　ってね」

後に判明することだが、無残に腫れ上がった中井の右目は、この時すでに失明していた。バーリ・トゥードをバイオレンスと見なす者にとって、見えなくなった相手の右目は単なる弱点、格好の攻撃目標でしかない。だが、ヒクソンにとってのバーリ・トゥードは武士道を発揮する場でもあった。相手の弱点を攻めるのは、彼の考える侍の美学にそぐわなかった。誰からも理解されないことを覚悟しつつ、彼は寝技からのパンチ、つまりパウンドを封印したのだった。

だが、日本の観客はそのことを理解した。それは、格闘家として多くの修羅場、舞台をくぐり抜けてきたヒクソンにとっても初めての経験だった。

「嬉しかった。あれは本当に嬉しかったな。バーリ・トゥードは、勝つためなら何をしてもいい格闘技だと考える人たちからは、絶対に出てこない類の質問だったからね。確かに日本には侍はいなくなっていた。けれども、侍としての戦い方を評価してくれる人はたくさんいる。そのことが、たまらなく嬉しかったんだ」

バーリ・トゥード・ジャパンというイベント自体には、少なからず不満もあった。最初に提示されたギャラの額は、日本に対する強い憧れを封じ込めかねないほどに小さかった。

「正直、この金額じゃ話にならないな、日本へ行くのはやめておこうかな、とまで思ったぐらいだったからね。それでも出場することになったのは、当時の妻が『わたしに交渉をやらせて』と言ってきたからだった。彼女はもちろん、わたしとホリオンがどういう関係になっていたかを知っている。だからこそ、日本で戦うことに大きな可能性を感じていたんだろう。最終的に、彼女はギャラを一定の額まで引き上げることに成功し、わたしは日本へ向かったというわけさ」

そして、彼は日本の観客と出会った。日本の観客が他の国の観客と違っていることを知った。それは、ヒクソンにとって非常に大きな意味を持っていた。

とはいえ、彼はプロの格闘家でもある。

どれほど日本の観客にシンパシーを覚えるようになったところで、その舞台が自分の望む報酬を用意できないのであれば、他の舞台を探すしかない。

たとえ、それがどれほど気の進まない選択であったとしても。

「バーリ・トゥード・ジャパンとの契約が最終段階に入った時、ホリオンが電話をしてきたんだ。日本に行くらしいが、それはやめろってね。ＵＦＣはファミリービジネスなんだから、そこのライバルになりかねないところで戦うなどもってのほかだと」

当然、ヒクソンはやり返した。

「わたしはずっとあなたのビジネスを手伝ってきているが、儲けているのはあなただけで、こちらには何も返ってこないじゃないか。そう言ったよ。わたしにはわたしの生活がある。日本はこれだけの額を用意してくれて、優勝すればさらにボーナスも出すと言っている。そこへ行くなと言うのであれば、せめてＵＦＣがその半分の額でも用意してくれ。そうしたら、わたしは行かないよってね」

しばしの沈黙の後、電話の相手は言った。

「勝手にしろ」

だが、兄は妨害を諦めたわけではなかった。

「すぐに父のエリオからも電話がかかってきた。頼むから日本へ行かないでくれっていう。兄のように頭ごなしに言うんじゃなく、これこれこういう理由だから行かない方がいいんじゃないかっていう言い方だったけどね。結局、エリオもホリオンを支持してるってことだよ。わたしは父のことを心の底から尊敬していたし、できることならば失望させたくはなかったけれど、金儲けをしているのはホリオンだけだってこと、わたしにもわたしの生活があるってことを訴えた。父も、最後は納得してくれたようだったけどね」

一家にとって絶対的な存在であるエリオを使っても弟を説得できなかったホリオンは、最後の手段ともいうべき強硬策に打って出る。

「ヒクソンが日本に行くらしいが、彼についていってサポートしたやつはUFCから追放する。そう宣言したんだよ。これはさすがに効果があった。みんなホリオンのやり方には腹を据えかねていたけれど、戦いの舞台を用意できるのは彼だけだったのも事実だから。それでも、ホイラーだけは言ってくれたんだ。『ヒクソンは俺の兄貴だし、俺に柔術を教えてくれたのもヒクソンだ。誰が何と言おうと、俺はヒクソンをサポートする』ってね。結局、一緒に日本へ来てくれたのはホイラーだけだった」

ヒクソンの弟であり、彼に柔術を教わったという点では、ホイラーの1歳下の弟となるホイスにも同じことが当てはまったが、こちらは「ごめんなさい、行きたいけど行けません」という電話を入れてきた。

ところが、これほどまでにヒクソンの日本行きを阻もうとしたホリオンは、バーリ・トゥード・ジャパンでの結果を受けて手のひらを返す。

「おめでとう、お前のマネージャーにならせてくれって電話があった。もちろん断ったし、あなたとはビジネス面では二度と関わりたくないとも言った。以来、彼とはそれっきりだ」

この一件は、ヒクソンにとってはたとえ兄弟といえども金や名声が絡むと無条件には信用できなくなる、という苦い教訓になった。以後、彼は神経質なまでに契約書にこだわり、ほんのわずかでもそこから逸脱しそうになると過敏なまでの反応を見せるようになる。

ともあれ、兄弟の間に入った亀裂はもはや修復不可能なレベルにまで広がった。それでも、バーリ・トゥード・ジャパンで戦わないのであれば、ヒクソンに残された選択肢はUFCしかない。

自ら絶縁状を突きつけた兄の、靴の裏を舐めるしかない——。

そんな状況で、榊原信行は新しい提案をテーブルに載せてきたのである。


榊原信行が口にしたプロレスラーの名前を、もちろんヒクソンは知っていた。よく知っていた、といってもいい。

「最初に彼らのことを知ったのはバーリ・トゥード・ジャパンが終わった後だから、1994年のことだったと思う。佐山さんの代理人をしていた方から『Uインターというプロレス団体があなたとグレイシー柔術のことをバカにしている。雑誌のインタビューであなた方を否定するようなことを言っているし、何とかした方がいい』と連絡があったんだ。団体のトップは髙田延彦というプロレスラーで、日本では大変な人気だという。で、その団体の3番手ぐらいの実力者だという選手が『あんなものは通用しない』『俺たちの方が強い』などと言いたい放題だってね」

日本ほどの人気はなかったものの、ブラジルにもプロレスはあった。ヒクソン・グレイシー個人としてはプロレスの世界に興味はなかったが、かといって筋骨隆々の大男たちを否定するつもりもなかった。彼は、佐山の代理人にそうした旨を綴った手紙を渡し、それを日本のメディアに公開してくれと頼んだ。

「わたしはUインターという日本のプロレス団体をリスペクトするし、あなた方がやっていることに文句をつけるつもりもない。ただ、わたしがあなた方のリングに上がることはできない。たとえあなた方が本心から真剣勝負を望んでいたとしても、その舞台がプロレスのリングであれば、せっかくの戦いに信憑性がなくなってしまう。真剣勝負をしてもヤラセだと見られてしまう舞台に、わたしは上がることはできない――そんなことを書いたんだったかな」

ただ、Uインター側からの挑発が、ヒクソンの気持ちに何の波風も立てなかったわけではない。リスペクトする、とは書きながら、どうにもこうにも腹に据えかねるところもあった。

グレイシー柔術と戦おうとする存在には一定の敬意を払う。しかし、グレイシー柔術を否定する存在を許すつもりはない。自分たちに対するリスペクトがまるでないどころか、嘲笑的なコメントを連発した安生洋二という男は、断じて許せなかった。

「だから、こうも書いたんだ。もし安生とかいう男がどうしてもわたしと戦いたいのであれば、そいつにはふたつの選択肢がある。ひとつは新しい舞台を作ってバーリ・トゥードのルールで戦うこと。もうひとつはストリートファイトをすること。そのどちらかであれば、わたしはいつでもお相手しよう、とね」

もしUインター側の挑発がプロレスにありがちな〝アングル〟なのであれば、つまり注目を集めるためのアドバルーンなのであれば、彼らがアメリカまで乗り込んでくることはまずない。だが、本気であれば話は違う。どちらであっても、ヒクソンは一向にかまわなかった。日本のプロレスラーの道場破りなど、生まれ故郷のリオでルタリブレ一門と繰り広げてきた血なまぐさい抗争に比べれば、物の数ではなかったからである。

カリフォルニアといえども朝夕の冷え込みが厳しくなってきた12月のある日、自宅でくつろいでいたヒクソンの電話が鳴った。

「道場にいたインストラクターからだった。日本人が来ていて、あなたと話したがっていると言う。わたしはすぐにピンときた。きっと、安生絡みの案件だってね」

彼はすぐさまスタッフがハンドルを握るクルマに乗り込んだ。スタッフにはビデオカメラを用意させ、彼はジムに向かう車中で拳にバンデージを巻いた。

「わたしのジムは立地的に手前にガレージがあり、奥に道場があるんだが、そこにたくさんのクルマと大勢の取材陣がうろついていた。その中に体格のいい日本人が一人いて、それがUインターを代表して来た人間ということだった」

あなたをUインターに誘うために来た。ぜひ出場してもらいたい――握手を終えると、男はそう言った。

「わたしは答えた。前もってお伝えしてあるように、わたしはプロレスのリングに上がるつもりはありません、とね。そうすると、向こうが言ってきたんだ」

でもあなたは、アメリカに来るんだったらやってやる、と言いましたよね？

「もちろん！　そう答えると、実は選手を用意しているから、いまから呼んでもいいかと言う。どこから呼ぶのかと思っていたら、ジムのまわりにたむろしていたメディアの中に紛れていた。それが、安生だった」

どうやら、Uインター側は安生の道場破りを一大イベントとして自分たちが連れてきたマスコミに取材させるつもりらしい。取材するのはかまわなかったが、自分と一族が心血注いでもり立ててきた道場を、柔術を否定してきた人間のために利用されるのは我慢ならなかった。

「道場生たちに言って、取材陣は絶対に中に入れるなってことにした。中に入れたのはUインターの代表者とその秘書、そして安生だった。こちらは10人から15人の練習生と、あとはわたしの息子がいたと思う」

ヒクソン自身は至って冷静だった。だが、道場生の中には敵意というよりは殺意に近い感情をむき出しにしている者もいる。張りつめた空気の中、ヒクソンは日本人たちに一枚の紙を差し出した。

「それは、道場に足を踏み入れるすべての練習生にも書かせるものだ。『何か怪我があっても、道場側の責任ではありません。わたしは訴えません』っていうね。訴訟社会アメリカで道場をやっていく上では、必要不可欠なものだったから」

紙を渡された日本人たちは、何やら日本語で相談を始めた。そして、代表だという男が言った。

要するにこれにサインをしないと、あなたとは戦えないということか？

法律上のリスクを考えるのであれば、質問を肯定するしかない。だが、そう答えた場合に起こりうる事態が、ヒクソンの脳裏に浮かんだ。

「こいつらはそれを言い訳にする。瞬間的にそう思ったんだ。アメリカまで来ればやってやると言うからはるばる出向いてやったのに、ヒクソン・グレイシーとやらは誓約書なるものを書かないと戦わないって言い出した、とね」

法律上のリスクへの懸念は吹き飛んだ。冷たい怒りを全身から滲ませながら、ヒクソンは告げた。

わかった。誓約書なんかいらない。いますぐ、ここでやろう。

後に、道場に通うアメリカ人の練習生たちは、この日の出来事に特別な意味を見いだすようになる。

安生洋二たち日本人がロサンゼルスはランチョパークにあるヒクソン・グレイシーの道場に姿を現したのは、12月7日だった。

真珠湾攻撃と同じ日だった。

「思えば、すべてはあの日から始まったんだな。髙田さんと榊原さん、そしてわたしの新しい物語も」

400戦無敗といわれた男は、穏やかな表情でそう言うと、よく冷えたサンペレグリーノを飲み干した。

第七章　死んだ男

路線距離31・5キロメートル。東急田園都市線は、渋谷駅から神奈川県大和市にある中央林間駅までを東西に27駅で結ぶ、首都圏の大動脈である。起点となる渋谷駅から下って6つ目、1977年に開業した用賀駅には、高齢化の進む国とは思えないほど若々しい雰囲気が漂う。都心に近く、また豊かな多摩川の自然と接するこのエリアには、子育て中の夫婦を惹きつけてやまない魅力があるということなのだろう。

駅から徒歩5分。駅前の喧騒から少し離れた位置にその店はある。

店が面している通りは、お世辞にも人通りが多いとはいえない。路面店ではなく、ビルの2階にあるため、一見の客が店内をのぞいて入るか入るまいか思案することもできない。およそ飲食店にとって絶好とは言い難いロケーションであるにもかかわらず、その店は常に大勢の客で賑わっている。

「そりゃあよ、味がいいもんよ、ウチは。あと酒な。ビールだってハイボールだって酎ハイだって、そうそう、獺祭の磨き三割九分をこの値段で出してる店はまずねえぞ」

かつてはアームレスリングのファイターとして鳴らし、60歳を過ぎたいまはボディビルにのめり込んでいるという店主が豪快に笑う。確かに、いまや世界的に名前を知られるようになった山口県産の純米大吟醸を、ここより安く出している店はまずないだろう。

「昔の話を聞きたい？　タダで？　おいおい、それで儲かるのはそっちだけ？　そりゃあ納得いかねえなあ。せめて獺祭の一升瓶、ボトルで入れてくれないと」

何の躊躇もなく、同行の編集者がボトルを入れる旨を申し入れる。

「はい、獺祭ボトルいただきましたぁー！」

髪の毛を綺麗な金色に染め上げた店主が大声で叫ぶと、若い女性スタッフが「すご～い、ありがとうございま～す」と嬌声をあげた。

ほどなく出てきた焼鳥は、なるほど、立地の悪さにもかかわらず店が繁盛していることを納得させる味だった。中でも、ネックといわれる鶏の首の部分を使った串は、パリッとした食感といい、嚙みしめた瞬間に広がる肉汁の甘みといい、絶品というしかない。

「美味いだろ？　でもな、俺が焼いたのに比べると10％ぐらい味は落ちるけどな」

元髙田延彦ファンクラブの会長にして、Uインターから派生したプロレス団体キングダムの元社長・鈴木健は、茶目っ気たっぷりに笑った。ガラス越しに見える調理場では、胸に「市屋苑」と店名の入った黒いTシャツを着た大柄の男が炭火と格闘している。

市屋苑――それはプロレスに関わったがために多額の借金を背負った鈴木が、借金返済のためにもともとはUインターの事務所だったスペースを改装して始めた焼鳥屋だった。店名の読み方は、かつて彼が仕掛けた前代未聞の賞金1億円のオープントーナメントにちなんだ「いちおくえん」である。

「借金返すために始めた店なんだけど、改装する資金がなくて、そこもまた借金で始めたからなあ」

店内の壁には、そこかしこにポスターや雑誌のコピーが貼られている。そのほとんどすべてはプロレスに関するもので、中には1992年、髙田延彦が大阪でゲーリー・オブライトと戦った際の年代物もある。

もっとも、店主自慢の焼鳥を平らげている客の大半は、プロレスに興味のない層だという。

「プロレスどころか、髙田延彦がどういう人間か、知らないお客さんがほとんどだからね。いや、髙田さんのことはもちろん知ってるんだよ。でも、そのお客さんにとって髙田さんは元プロレスラー、元格闘家じゃなく、『出てこいやあーっ！』の人のこと。イヤになっちゃうよね」

少しもイヤそうではない顔で鈴木は笑い、調理場でこまめに串をひっくり返している男に向かって声をかけた。

「お～い、安ちゃ～ん、それ終わったらこっち来いよ！　取材の人が話聞きたいってさ！」

へ～い、というのんびりした返事が聞こえた。

松本零士が描き、アニメ化もされた『宇宙海賊キャプテンハーロック』には、ぽっちゃりした風貌のヤッタラン副長というキャラクターが登場する。ファンの中ではそのモデルとなったのが松本のアシスタントを務めていた漫画家の新谷かおるだというのは有名な話だが、実は市屋苑で焼鳥を焼いている男がモデルだ、とフェイクニュースが流れれば、信じてしまう人が現れるかもしれない。

注文分の串が焼き上がったらしい。のっそり、のっそりとした足どりで彼が客席の方にやってきた。

「取材って、俺、昔のことホント覚えてないっすよ。それでもいいんすか？」

かつてヒクソン・グレイシーや前田日明に対して「２００％勝てる！」と豪語して物

議を醸し、いまは市屋苑で店主より10％味の落ちる焼鳥を焼く男——安生洋二は照れたように笑った。

挑発的な面影は、どこにもなかった。

イヤだなあ。

太々《ふてぶて》しそうな態を装いつつ、安生の心中は苦々しい思いでいっぱいだった。

Uインターの赤いジャージ姿でリング上に立つ彼の横では、パリッとしたスーツ姿の鈴木健がマイクを握っている。

「わたくしどもはプロレスを誰よりも愛する者として、グレイシーつぶしをこのままでは終わらせないことを改めてここに宣言いたします。また、先日もマスコミ発表しましたが、UWFインターナショナルといたしまして、安生洋二選手を〝グレイシー柔術へのヒットマン〟として、正式に送り出すことが決定いたしましたので、併せてご報告申し上げます！」

1994年11月30日、Uインターとしては年内最後の興行となる日本武道館でのことだった。

鈴木の宣言が終わると、今度は安生の番だった。

「ヒクソンだろうが誰であろうが、俺で十分です。プロレスを10年間まじめにやってきた者の力を見せてやります。このまま中途半端な形では終わらせませんので、まあ見ててください！」

ウォーッとどよめく観客たち。だが、安生の気持ちは冷めきっていた。

「だって、ヒットマンっすよ。どこの世界に自らヒットマンを名乗るヒットマンがいるんすか。誰にも気づかれないように忍び寄って、誰にも気づかれないように仕事をするのがヒットマンでしょうが」

言いたくもないセリフを真顔で吐いたのは、「そう言ってくれ、それが会社のためにも、髙田さんを守るためにもなる」とほぼ同期にしてUインターの舵取り役でもあった宮戸優光に頼み込まれたからだった。「一生のお願いだから」というだめ押しのついた頼みごとだった。

どれほど乗り気がしなくても、頼まれたら断れない。『宇宙海賊キャプテンハーロック』のヤッタランと同様、安生にはそんな人の好いところがあった。

この興行の後、彼はロサンゼルスに飛ぶことが決まっていた。目的地はヒクソン・グレイシーの道場である。一応、第一の目標は交渉ということになっていたが、そこで何が起こるかはわからない。その点、ニュージーランドからの帰国子女で英語が堪能な安生ならば、交渉役としてだけでなく、いざという時にはヒクソンと戦うこともできる。Uインターからすれば格好の人材だったのである。

「まあ、状況的にぼくが行かざるをえない感じにはなってましたよね。仲間を引き連れての渡米はUインターの経営状態を考えると厳しいし、だいたい、大挙して乗り込んだりしたら、それこそ戦わざるをえなくなる。だったら、ぼく一人で行った方がいいだろうと」

道場破りの結果が無残なものに終わったこともあり、渡航前日からの彼の行動は相当に乱れたものだったというのが定説となっている。出発前日の壮行会では2次会、3次会まで飲んだ挙げ句、最後はフィリピンパブになだれ込んだ、とも、ロスへ向かう機内でも延々と飲み続け、道場破りの際、体調は最悪だった、とも——。

事実の部分はある。ただ、必ずしも正確だとも言い難い。

「想像してもらいたいんですけど、たった一人でヒクソンの道場に殴り込みに行かなきゃいけないことになって、それで家に帰ってすんなり寝られる人間がいると思います？ そういう人がいたら連れてきてくださいよ。素面で家に帰って、布団の中で悶々と考えて、朝までずっと寝られなくて、それでコンディション保てますか？ Uインターを応援してくれる会合があったので、そこに顔を出したのは事実。フィリピンパブに行ってお尻を触ったかもしれない。でも、泥酔なんかしてないし、そもそも、どれだけ飲んだって酔えるはずがない。飛行機の中だって、せいぜいワインを1杯飲んだぐらいでしたよ」

これが普通の試合であれば、安生も早い時間に帰宅して身体を休めただろう。普段の彼がそうしているように、である。だが、ロサンゼルスで待ち受けているのは普通の試合ではなかった。ひょっとすると命を落とすかもしれない果たし合いだった。そして、資金難に苦しむUインターではあったが、渡米するのが安生一人になったということもあり、格安とはいえ大韓航空のビジネスクラスを用意してくれていた。

どうせ家にいても寝られるはずがない。ならば、ゆっくりと足を伸ばせる飛行機の中で眠ればいい——安生はそう考えたのである。

一部の航空会社が導入を始めていた最新のフルフラットシートではなかったものの、ロサンゼルスまでの十数時間、機内ではゆっくりと身体を休めることができた。

万全、とは言い難いものの、決して最悪な体調というわけではなかった。

だが、ロサンゼルスに入った日の翌朝、安生の宿泊していたホテルに迎えの人間がやってきた。元新日本プロレスのプロレスラーにして、引退後はUインターのために選手のブッキングなどをしていた笹崎伸司である。ヒクソンがUインターの代表者だと勘違いした「体格のいい日本人」とは彼のことだった。

日本で立てた計画では、安生は2週間ほどかけて体調を整え、その後は戦うことも辞さない前提でヒクソン側との交渉に臨むことになっていた。

ところが、眠りから無理やり引っ張り出された彼は、予想外の言葉を聞かされた。

「マスコミの人たちが待ってますから、ヒクソンの道場へ行きましょうって言うわけですよ。心の準備も何もあったもんじゃない。そのまま道場直行です」

なぜマスコミは安生の道場〝訪問〟を知っていたのか。Uインターの人間が情報を流したからである。マスコミの目があれば、銃社会のアメリカといえども〝下手な間違い〟は起こりにくくなる。つまりは、安生たちの身の安全を確保するためのアイデアだった。

だが、ロサンゼルスで彼を待ち受けていたマスコミにとって、安生は「交渉役」ではなく「ヒットマン」だった。彼らが待っていたのは書類にサインする安生ではなく、ヒクソンを襲撃する安生だった。何より、交渉する場面では絵にならないが、ホイス・グレイシーの10倍強いといわれる男とUインターの陰の実力者と呼ばれる男がガチでやり合うのであれば、最高のニュースバリューがある。

安生の思惑とは関係なく、メディアは戦いを欲していた。

そして、それはヒクソン側も同じだった。

治安のいい日本において、「ヒットマン」という単語は『ウルトラマン』や『仮面ライダー』と極めて似通った意味合いを持っている。誰もがその存在を知っているが、誰も現実の世界では見たことがないからである。ヒットマンと聞いて血や銃、死をリアルにイメージする日本人はそう多くない。

髙田の師匠でもある藤原喜明は「昭和のテロリスト」なる物騒なニックネームを頂戴していたが、当時の日本人にとっては、ヒットマンやテロリストが、所詮は映画や小説の世界の中だけの存在であり、だからこそ、本来の意味を実感する人たちからすれば信じ難いほど無邪気に、キャッチフレーズやニックネームとして使うことができたのだろう。

それがヒクソン側に伝わった時、どんな反応を引き起こすかという想像は皆無だった。グレイシー一族はリオで生まれ、リオで育った。銃は、死は、戦後の日本よりはるかに身近なところにあり、実際、敵対する団体との抗争では銃を持った輩に乗り込まれもした。

日本のUインターというプロレス団体が、ヒットマンを送り出した——そう聞いた彼らが、日本からやってくる〝使者〟をどんな思い、どんな覚悟で待ち受けたのかは容易に想像がつく。少なくとも、曲がりなりにも「ヒットマン」を名乗る男が、今後の試合などに関しての書類へのサインを求めてこようとは夢にも思わなかったに違いない。

迎撃、そして撃退あるのみ。

安生が手の内に隠しているつもりだった「交渉」という選択肢は、彼がロサンゼルスに足を踏み入れるはるか以前の段階で、消滅していたのである。

そして、安生だけが、そのことを知らなかった。

「最初に道場に行った時は、ヒクソン、まだ来てなかったんですよ。じゃあ仕方がない、道場の生徒に彼を呼んでもらおうってことになって、ヒクソンが来るまでの間は、確か近くのレストランでお茶飲んでたんじゃないかな。マスコミの人と一緒に」

彼を出迎えた道場の生徒の中には、敵意をむき出しにしてくる者もいた。

「お前か、ウチの兄貴分にケンカ売ったやつは――みたいなのはいましたね。あれはまあ、なんていうか、なかなかいい雰囲気でしたよ」

この時点でも、彼はまだ交渉の可能性を信じていた。若い道場生が怒っているのは自分たちがケンカを売ったから、だとも思っていた。つまり、感覚としては日本の〝アングル〟の延長だと思っていた。「ヒットマン」と名乗ったことがブラジル人たちにどれほど激烈な反応を引き起こしたかを、彼はまだ知らない。

まもなく、冷たい怒りを滲ませたヒクソン・グレイシーが姿を現した。

交渉を受け入れてくれそうな気配は、皆無だった。

「それでも、こんなところで戦っても一銭にもならない。どうせだったら日本で、お客さんの入ったところでやりましょうよ、とは言ったんですけどね。まったく受け入れてくれませんでした。いますぐ、ここでやろうって」

道場の中に通されたのは、安生と笹崎、秘書の3人のみ。待ち受けていた報道陣は入口の段階でシャットアウトされた。Uインター側が期待したマスコミの目という抑止力は、完全に失われた。

敵意に満ちた空間に足を踏み入れたことで、ついに彼は自分に残された選択肢がひとつしかないことを悟った。

ただ、まったくの想定外だった、というわけではない。さすがに昨日到着しての今日というのは考えていなかったが、いずれはこうなることも頭に入れた上での渡米だった。というより、こうなることを考えたからこそ、出発前夜の彼は眠れなかったのである。

突き刺さる視線を感じながら、安生はレスリングシューズにヒモを通した。

完全敵地での戦いである。何が起こるかわからないという恐怖にも似た緊張感はあった。

だが、無闇に脅えていたわけでもなかった。

安生洋二には、ヒクソン・グレイシーを倒すための秘策があったのである。


なんだ、こいつは？

「ヒットマン」を名乗る男を一瞥した途端、それまで全身を包んでいた冷たい怒りに混じって、侮蔑にも似た感情がヒクソンの中に湧き上がってきた。

仮にも殺し屋を自称するのであれば、傍目にもはっきりわかるほどの異質さ、異常さがあるはずである。人間としてのある一線を越えてしまった者がどんな気配をまとい、どんな瞳をしているか、リオで生まれ育ち、アメリカに来てからは軍の特殊部隊でインストラクターをしたこともあるヒクソンはよく知っていた。

安生洋二なる男からは、危険な匂いがまるでしなかった。

侍であるようにも見えなかった。半年前、バーリ・トゥード・ジャパンの決勝で対戦した中井祐樹が発していた凜とした覚悟、決意のようなものが、目の前にいる男からは感じられなかった。

しかも、この男はカネのことまで口にした。こんなところで戦っても一銭にもならない、だと？　とことこに及んで？

ヒクソンの気持ちは固まった。

「中井さんと戦った時とは違う気持ちだった。バーリ・トゥード・ジャパンは戦いだったけれど、これから始まることは違う。自分の中にあったもう一人の自分、侍としてのヒクソン・グレイシーとしてではなく、凶暴で残虐な衝動を抑えきれないヒクソン・グレイシーとして、こいつの醜い顔を血まみれにしてやる。そう思った」

鎖を解かれた内なる野獣が叫んでいた。

罰だ！　こいつに罰を与えろ！

宿主はその声に従うことにした。

安生がレスリングシューズを履き終えた。決闘が始まった。

「彼はグレイシー柔術に対して非常にディスリスペクトで、非常に態度が悪くて、聞き捨てならないことを散々公の場で発してきた。だとしたら、こちらも敬意を払う必要はない。一本をとってタップさせたら終わり、などというスポーツライクなことで終わらせるつもりもない。一目で、誰の目にもはっきりとわかる形で、どんな言い訳が入る余地もないような勝ち方をするつもりだった」

四つに組もうと向かってきた安生を、ヒクソンは足をかけて倒した。馬乗りの体勢になった彼は、中井との戦いではやらなかったことをやった。

パウンドである。

「ただ絞め落としただけだと、きっとこいつは好き勝手に言い訳を並べ立てるに違いない。そうさせないために、まずは殴って鼻を折る。ひたすらに殴って顔面を血みどろにして、絞め落とすのはそれからにしようと思った」

懸命にガードはしているものの、組み伏せた日本人の顔はみるみるうちに赤く染まっていく。レフェリーのいる試合であればとっくにストップがかかっていてもおかしくない凄惨な状況だったが、制止する者などいるはずがない。

罰だ！　罰だ！　罰だ！

内なる野獣の咆哮は止まらなかった。


あれ、こんなもんか？

組み伏せられ、パンチの嵐を見舞われながら、それでも安生は冷静だった。

「グラウンドでのパンチって、見た目ほどには痛くないんですよ。いや、もちろん痛いことは痛いんですよ。でも、立った状態でのパンチと違って、一発で意識を飛ばされるなんてことはない。それに、ＵＷＦの新弟子時代にもっと痛いパンチを前田さんや髙田さんからもらってますから」

頼まれてしまえば断れない一面がある一方で、いざ戦うと腹を決めれば、滅法負けず嫌いな人間へと豹変するのが安生という人間だった。

「誰と戦う時だって、やっぱ勝てないだろうな、とか、どうせ無理なんだろうな、みたいな感覚はなかったですから。まあ、髙田さんに対しては、戦った後に、この人には絶対勝てないだろうなとは思いましたけど」

これは身内同士の自流試合ではない。小さな過ちが命取りになる他流試合、すなわち決闘である。パニックでも起こそうものなら決着はすぐについてしまう。頭の中を冷静に保つために、安生は自分に言い聞かせた。

大丈夫、大丈夫、こんなやつ、全然大したことない。

あながち根拠のない自己暗示でもなかった。格闘の世界では、肌が触れ合った瞬間、稲妻が走るような衝撃を受けることがあるという。だが、初めて組み合ったヒクソンの身体は、安生のセンサーに何のインパクトも伝えてこなかった。少なくとも、第2次UWF時代、チャンプア・ゲッソンリットにローキックを食らった時のような衝撃はなかった。

組み伏せられてすぐ、噴き出した鼻血が顔面を濡らしていることはわかった。だが、安生は気にも留めなかった。彼は全神経を研ぎ澄ませて、いつかは訪れるに違いないヒクソンのスキを探っていた。殴って、殴って、殴っているうちに、きっと集中の途切れる瞬間が来る。それまでは耐える。耐えながら、タイミングを探す。

秘策をお見舞いするタイミングを。

倒されたくて倒れたわけではない。ただ、ヒクソンがパウンドの体勢に入ったことは、安生にとって好都合でもあった。

右でもいい。左でもいい。相手の足首に手が届きさえすれば。

自分の身体をまたぐ形で馬乗りになっているヒクソンの足首は、安生の太股ぐらいの位置にある。パンチを放つたびに生じる体重移動のタイミングに合わせて素早く身体を動かせば、足首を自分の脇の下に抱え込むことができるかもしれない。

いわゆる「足関《あしかん》」――アキレス腱固めやヒールホールドといった足関節技を安生は狙っていたのである。

「たぶん、足関ってプロレス独自の技で、ヒクソンたちも知らなかったと思うんですよ。好きなだけ殴らせておいて、一瞬のスキを突く。それが戦う前にイメージしていた自分なりの作戦でした。一度決まってしまえば、ヒクソンだろうが誰だろうが、絶対に逃がさない自信はありましたし」

血みどろになっていく自分の顔さえも、彼は囮として利用するつもりだった。ほんの少しでもいい。相手に気の緩みが生じてくれれば、自分の勝ちだ。

安生は耐えた。大丈夫。この体勢からのパンチであれば、どれほど食らったところで致命傷になることはない。耐えろ、耐えろ、耐えろ。

だが、うんざりするほど長い時間殴られ続けても、馬乗りになっているブラジル人にはスキが生まれない。いくら効かなくても、延々と殴られ続けているわけにもいかない。

彼はヒクソンの足首を取りにいった。

自分の首まわりのガードがおろそかになった。

チョークスリーパーを決められた。頸動脈が絞めつけられた。

大丈夫。自分は顎を引いている。この体勢で絞め落とされることはない。大丈夫――。

安生洋二の意識は、そこで途切れた。

日本から押しかけてきた奇妙な刺客が完全に失神したことを確認すると、ヒクソンは道場生に命じて外で待っていたマスコミを招き入れた。

「道場破りに来た人間がどういうことになったか。はっきりと見ておいてもらいたかったからね。ちょうど彼らがゾロゾロと中に入ってきた時、安生が意識を取り戻したんじゃなかったかと思う」

付き添った笹崎に抱えられるような形で立ち上がった安生は、一時的に脳への血流を遮断された者ならではの朦朧としたまなざしをしていた。顔面と、彼が着ていた白いTシャツは流れ出る血で赤く染まっている。カメラマンたちは、一斉にシャッターを切った。

道場破りが返り討ち。その様子は、スポーツ新聞やプロレス専門誌などで大々的に報じられた。翌週に発売された『週刊プロレス』の表紙にはこうある。

「〝200パーセント〟男安生、血だるまに…ヒットマン、失神　道場破り、失敗　ヒクソン、強し！」

血まみれになって立ち尽くす安生の写真には、日本のプロレスファンが受けた衝撃の大きさをうかがわせる文言が添えられていた。安生洋二に罰を与え、グレイシー柔術の強さを見せつけるというヒクソンの狙いは、ほぼ完璧な形で成就したのである。

「道場破りの2日後だったか、安生がまたわたしのところにやってきた。2日前とは打って変わった態度で、きちっと『いろいろとお騒がせしてすみませんでした』と頭を下げた。日本からの贈り物だと言って、武士の兜を置いていってくれたんだったかな。それでわたしの気持ちも変わった。もう決闘は終わったわけだし、これでノーサイドだなと言って別れたんだ」

こと戦うことに関して、ヒクソン・グレイシーは滅多なことでは間違わない。だが、この時の彼は間違っていた。

鳴ったのはノーサイドの笛ではなく、キックオフの笛だったからである。

「これですっかり終わったと思っていたんだが、しばらく経つと、日本に帰った安生がまたごちゃごちゃ言っているという話が耳に入ってきた。俺は襲われた、だの、複数の人間にやられた、だのと言ってるらしい。だったら仕方がない。こんな時のために道場生に回させておいたビデオを公開することにした。あまりにもバイオレンスすぎるというか、自分のダークネスな一面が出てしまっているので、おおっぴらにはしたくなかったんだがね」

彼は日本の知人にビデオを送り、マスコミだけを対象に公開するように頼んだ。

不意打ちしたわけでも、数人がかりで袋叩きにしたわけでもないことは、すぐに証明された。

これでぐうの音も出まい。ヒクソンはそう考え、以後、雑音が耳に入ることはなくなった。

だが、彼の知らないところで、それまでとは違った声があがり始めていた。１９９６

年、ホイラー・グレイシーの付き添いで三度目となる来日を果たしたヒクソンは、初めてその声を聞いた。

「今度は髙田さんがUインターを代表してわたしと戦い、安生の仇をとるんだというシナリオで盛り上がっている人がたくさんいた。たぶん、榊原さんがわたしにアプローチしてきたのも、そうした声に目をつけたからではないのかな」

挑発的な発言を繰り返した安生洋二には憎悪に似た感情すら抱いたヒクソンだったが、髙田延彦に対してはまた違った印象を持っていた。

「柔術に対するリスペクトみたいなものが感じられたし、何より、彼はわたしやグレイシー柔術に対して失礼なことを何も言わなかった。たぶん、彼は自分の信じるものを証明したいという、ただそれだけの気持ちだったんだと思う。そこが安生とは決定的に違っていた」

確かに、髙田延彦はヒクソン・グレイシーに対して敬意を抱いていた。その佇まいから侍の気配も感じ取っていた。

ただ、彼はプロレスラーでもある。もし鈴木や宮戸らUインターの首脳陣が、安生ではなく髙田に頼んでいたら、彼は口にしていた可能性もある。それは、出たくもない参院選に出馬することに比べれば、ずいぶんと聞き入れやすい頼みだったことだろう。

ヒクソンとグレイシー柔術を否定する言葉を吐くことなど。

グレイシー柔術の出現を脅威に感じたUインター側が、未知なる敵を批判する急先鋒として立てたのは安生だった。そこには、髙田延彦を守るため、との意図も込められていた。

結果、安生洋二はグレイシー側の怒り、憎しみを一身に引き受けることとなったが、同じ感情が髙田に向けられることはなかった。

髙田延彦を守るため——Uインターの狙いは、期せずして達成されていたのである。

来店と同時に入れた獺祭磨き三割九分の一升瓶は、あっという間に空になった。店主の鈴木だけでなく、安生、さらには若い女性スタッフまでが代わる代わる飲んでいったのだから、無理もない。

鈴木はご機嫌だった。

「グレイシー柔術は強いっていうけどよお、俺はやっぱりプロレスの方が強いと思うね。だって、それは桜庭和志が証明してるもん。Uインターの道場で安生よりまるで弱かったやつが、グレイシー一族片っ端からやっつけたんだぜ。髙田さんだって安ちゃんだって、違ったルールでやってたら全然違った結果になってたはずなんだ」

横に座るヤッタラン副長は静かに笑うばかりである。

「道場破りが返り討ちにあったって聞いた時、俺は明日もういっぺんヒクソンのところへ行って戦ってきてって言ったんだよな、安ちゃん？」

「そうっすよ。こっちはもう顔とかボコボコになってんのに。で、いまの体調じゃ無理かもしれないって言ったんすよね。あの後イギリスへ行ってテレビで子供向け番組を収録する予定も入ってたし」

無理難題を吹っ掛けてくる陽気なハーロック艦長と、苦笑しながら指示に従うヤッタラン副長という図式が目に浮かんだ。そして、傍から見れば微笑ましくもある両者の関係は、20年以上の月日が経っても変わっていないようだった。

もちろん、鈴木は傲慢な暴君というわけではない。飲食店で働いた経験などなかった安生を市屋苑のスタッフとして雇い入れたのは、鈴木だった。2015年3月19日、後楽園ホールで行われた安生の引退試合を企画し、実現にこぎつけたのも鈴木だった。

ちなみに、引退試合のキャッチフレーズは「Y・A　IS　DEAD」――安生洋二は死んだ、だった。これは、現役時代に彼が入場する際のテーマソングとしていた1990年代の大ヒット曲、ジェームス・ブラウンの『James　Brown　Is　Dead』にちなんだものだった。

引退は、アスリートにとっては第二の人生、来世の始まりでもある。自分にとって最後となる舞台に「死」というキャッチフレーズをつけるのも、安生にとってはごく当たり前のことだった。

ただ――。

鈴木がトイレのために席を立ったわずかな合間だった。つぶやくように安生は言った。

「考えてみれば、引退するよりはるか以前に、ぼく、死んでるんですよね。あの日、ヒクソンの道場に乗り込んで返り討ちにあった日。あれである意味、ぼくの中でのすべては終わってるんです」

飄々とした空気が、一瞬にして消え失せていた。

「もちろん肉体的には生きてるんですけど、魂的には死んでるっていうか。あの日を最後に、物事に対する興味とか、探究心みたいなもの、ほぼなくなっちゃってますから」

この〝事件〟が終わってからも、ファンやマスコミの目に映る安生はそれまでの安生そのものだった。彼は相変わらず大言壮語し、この5年後には試合会場で前田日明を背後から襲撃して失神させ、傷害罪により略式起訴されるという大事件を引き起こした。

だが、あわや前科者になりかねない状況に追い込まれても、安生の中には狼狽すらできなくなっている部分があった。

怒ったり、喜んだり、嘆いたり。本来あった柔らかい感情の定位置には、真っ黒い「虚無」が代わりに居座っていた。

生きているのに、どこか死んでいる。それが、いままで通りの自分を演出していた安生の内面だった。

もはや格闘家としての向上心は根絶やしにされた。ならば、責任をとる形で引退するのも悪くない。そう考えたこともあったが、鈴木に引き止められた。

後悔の念に苛まれ、いたたまれない思いで日々を過ごしていた安生のむしろに、やがてさらなる針を植えつけるようなムーブメントが起きる。

髙田延彦に敵討ちを期待する声である。

「そういう方向へ行かざるをえない道を作っちゃったのは、誰でもないぼく自身だって負い目がありました。髙田さんにぜひとも自分の仇を討ってほしいなんて気持ちは、微塵もなかったんですけどね」

返り討ちの反響は、凄まじいものだった。破壊的なバッシングが安生個人に降りかかってきたばかりか、Uインターの先行きにも暗い、いや、真っ黒い影を落とすようになっていた。そして、安生を非難し、Uインターを責める声は、そのまま髙田の敵討ちを期待する空気へとすり替わっていく。

自責の念は、募るばかりだった。

ヒクソン・グレイシーにとって「すべての始まり」となった1994年12月7日は、安生洋二にとっては「すべての終わり」だった。

確かにあの日、彼は死んだのである。

第八章　生き様

前日インタビューしたのと同じテラスの席に腰を下ろし、美しいハーバーに見入っていると、いきなり後ろから肩を叩かれた。驚いて振り返ると、悪戯っぽい笑みを浮かべるヒクソン・グレイシーがいた。

間の悪いことに、頼みのミスター通訳は席を外してしまっている。約束の時間までまだ15分ほどあったため、用を足しにトイレに行っていた。

彼が戻ってくるまでは、自分の拙い英語で間をつなぐしかない。前日、ヒクソンが言っていたことを思い出した。

「失敗を恐れて消極的になっては頭に入らないし、実践することもできない。完璧であろうとすれば、どうしても縮こまってしまう。間違えていいんだ。いや、間違えなければならない。間違いを犯すことによって、学ぶことができる。わたしの場合、そうやって英語を覚えたんだ」

今日聞こうと思っていたことで、自分でも質問ができることは……あった。

「インタビューとは別に、ひとつ質問があるんですが」

「どうぞ」

「あなたはブラジル生まれのブラジル人ですよね。にもかかわらず、なぜあなたの名前の発音は、グラシエ、あるいはグハシエではなく、グレイシーなのでしょう」

ヒクソンの目がパッと見開かれた。

「興味深い質問だね。なぜグラシエではなくグレイシーなのか。理由はわたしのアンセスター（祖先）にある」

「アンセスター？」

「わたしの父の、そのまた父の……そういった存在のことだ。ブラジルにおけるわたしの祖先は、スコットランドからの移民でね。ジョージ・グレイシーという」

「スコットランドから来た、ジョージ・グレイシー」

「そうだ。その祖先が、初めてブラジルにやってきた時のイミグレーション（入国管理局）で、強く主張したらしいんだ。アー・ユー・ミスター・グラシエ？ ノー！ マイ・ネーム・イズ・グレイシーだってね」

「それでグレイシーという発音に！」

「そう聞いているよ」

ありがたいことに、ここでミスター通訳が戻ってきてくれた。まだ来ているはずのない人間が来ていることに、彼もびっくりしている。一通りの挨拶が終わると、この日はヒクソンがウェイターを呼んだ。そして、注文する前にこちらに振り向いて聞いてきた。

「今日もサンペレグリーノでかまわないかい？」

もちろん、かまわなかった。よく冷えたガス入りの水がテーブルに届けば、2日目のインタビューが始まる。

ただ、本題に入る前にもうひとつ、聞いておきたいことがあった。

ホリオン、ヒクソン、ホイラー、ホイス──。

なぜエリオ・グレイシーの息子たちの名前は、すべてRで始まっているのだろう。

「長くなるよ、そのことについて話すとなると」

笑いながらヒクソンは説明を始めた。

それは、ひどく奇矯で、しかし壮大な家族の物語だった。

ヒクソンの父エリオは、5人兄弟の末っ子だった。

「子供の頃の父はとても病弱で、兄のカーロスらが柔術と出会い、トレーニングを始めてからも、エリオだけはメニューについていけず、ただ練習風景を眺めているだけだったらしい」

コンデ・コマこと前田光世から直接柔術の指導を受けた長兄のカーロスは、身体を動かすことだけでなく、天文学、生物学にも秀でた一家のリーダーだった。幼い頃に医者から運動すること自体を禁じられた末っ子のエリオにとって、文武両道を地でいく兄は、眺めているだけで嬉しくてしょうがない存在だったのかもしれない。

ある日、エリオが道場をのぞくと、指導役のカーロスがいない。どうやら、何らかの理由で遅刻しているのだという。レッスンを受けるために足を運んできた道場生たちから不満の声があがる。

「そこでエリオが言ったらしいんだ。兄貴が来るまで、ぼくが練習相手になるよってね」

それまでのエリオ・グレイシーは、いってみれば門前に座っているだけの小僧に過ぎなかった。ところが、3年間同じ場所に座っているうちに、彼の身体には習っていないはずのノウハウが完全にインプットされていた。

「逞しかったカーロスには、もちろん力があった。それに比べるとエリオは圧倒的に非力で、その分、同じチョークでも違う身体の使い方をせざるをえなかった。ところが、それが非常に合理的だったらしく、それまでにはなかった身体の使い方、アプローチが柔術にもたらされたんだ。結局、あっという間にエリオが一番強い男になった」

後にエリオの子供たちは、押さえつけようとする者と反発する者で衝突を起こすことになるが、ジョージの子孫にしてガストンの息子であるカーロスとエリオは違った。エリオが一族一の柔術の使い手となると、カーロスはファイター役を末っ子に任せ、自らはメンター（助言役）の立場に身を引いたのである。

「ただ、役割は違っても、二人の中には共通する思いがあった。柔術を広めること。グレイシーの名を轟かせること。そのためにカーロスもエリオも、わたしたちの時代ではちょっと許されないようなことをやったんだ」

ヒクソンにとってのエリオは、いい父親だった。だが、母マルガリーダにとってのエリオが、いい夫とは到底言い難いことを息子は知っていた。エリオが家を留守にしている時、一人涙に暮れる母の姿を目にするのは珍しいことではなかった。

「エリオは意志が強く、自分の中に武士道を確立させている人間で、格闘家としては申し分なかった。ただ、母親に対する扱いは、非常によくなかった。母が家族のためにすべてを犠牲にしていたのに、感謝の気持ちを見せることは一度もなかった。その上、母がちょっとしたミスをすると激しく罵倒する。でも、美味しいご飯を作っても褒めたことは一度もない。はっきり言って、父は夫としてのバランスがとれていない人間でもあった」

カーロスは6人の女性との間に21人もの子供を作った。エリオもまた、兄のやり方に倣った。

ヒクソンが日本でいうところの中学生になった頃のことだった。何気ない口調でエリオが聞いてきた。

「弟が欲しくないか？　そう言われたんだ。わたしは末っ子だったし、弟が欲しくないわけではなかったけれど、どうすれば子供ができるかはもうわかっている年頃だった。だから、ちょっと口ごもっていると、じゃあ、一緒に出かけようってことになった」

エリオが向かったのは、ヒクソンが一度も足を踏み入れたことのないマンションの一室だった。

「ドアを開けて中に入ると、子供たちが何人もいた。そうしたら、エリオが嬉しそうに言ったんだ。どうだ、これがお前の弟たちだぞって」

父としては、弟が欲しそうに見えた息子の願いをかなえてやった気分だったのだろう。末っ子だったはずの少年は、一瞬にしてホウカー、ホイラー、ホイス、ヘリカという4人兄妹の兄となった。そして、この後さらに二人、兄弟の数は増えることになる。

「もちろん驚いたけれど、わたしの場合はそれだけだった。ただ、母は違った。夫が別に家庭を作っていたことに大変なショックを受けていたよ。当然さ。結局、長い時間をかけた末に、母はベラさんというもう一人の母親と良好な関係を築くようにはなったんだけどね」

ヒクソンがこの世に生を受けた1959年、父エリオはすでに46歳になっていた。そこから妻の立場や気持ちも顧みず、さらに6人もの子供を作ったのだから、驚くべき情熱、驚くべき独善というしかない。

しかも、衝撃的な事実はこれだけに留まらなかった。

「そのことを知らされたのは16歳の時だった。わたしは、母の子ではなかったんだ」

実は、マルガリーダには離婚歴があり、前夫との間に二人の子供をもうけていた。エリオと結婚はする。けれども子供はもういらないというのが、再婚に踏み切るにあたっての、彼女の強い希望だった。

「でも、当然のことながらエリオは子供が欲しい。子供を増やして一族を繁栄させていくのは、彼の生きがいだったからね。そこで二人は話し合い、ある結論にたどりついた」

それは、一家に働きに来ていたアフリカ系の若いハウスキーパーに子供を産んでもらおう、ということだった。

「そうして生まれたのがホリオン、ヘウソン、そして、わたしだったというわけさ」

いわゆる西側先進国ではもちろんのこと、ブラジルであっても現在ではとても許される話ではない。当時であっても、エリオやカーロスの〝所業〟に批判的な目を向けていた人はいたことだろう。

だが、人生のすべてを一族と柔術の発展にかけていた二人にとっては、他人の目などどうでもいいことだった。理解などされなくても、彼らには彼らなりの、鉄の信念があった。

一人、また一人と一族が増えていくたび、カーロスとエリオは祈りを込めた。比喩的な意味ではない。グレイシーという名前にさらなる力を授けるため、カーロスが知恵を絞った。

「ヌメロロジーというのを知っているかい？　知らないか。ブラジルでもポピュラーとは言い難い分野だから仕方がないが、カーロスはこの分野に物凄く長けた人間でね」

慌ててスマートフォンで「ｎｕｍｅｒｏｌｏｇｙ」という単語を検索すると、「数秘術」という単語に続き、こんな説明が出てきた。

「数秘術とは、西洋占星術や易学等と並ぶ占術のひとつで、ピタゴラス式やカバラ等が有名である。数秘学ともいう。一般的な占術の方法は『命術』で、占う対象の生年月日や生命などから、固有の計算式に基づいて運勢傾向や先天的な宿命を占う方法である」

どうやら数秘術とは占いのようで学問のような、錬金術のようで化学のような、アカデミックなようでオカルティックなような、好きな人にとっては大変に魅力のある分野であるらしい。

「数秘術に基づいてカーロスが計算したところ、グレイシー一族にとってはRで始まる名前か、Kを含む名前、もしくは最後がONで終わる名前が大きなパワーをもたらしてくれることがわかったらしい。それからなんだ。二人が自分の子供たちの名前にこれらのアルファベットを埋め込むようになったのは」

ネット上に公開されているグレイシー一族の家系図なるものをのぞいてみると、カーロスが最初の夫人カルメンとの間にもうけた第1子にはＣａｒｌｓｏｎという名前が与えられている。2番目の夫人との間に生まれた子供はＯｎｅｉｋａ――本来のポルトガル語には存在せず、1943年になってようやくアルファベットとして認められた〝ｋ〟という文字をあえて使っているあたりに数秘術の影響がうかがえるが、まだＲから始まる名前はない。

それが一気に変わるのは、3番目の夫人ジェニーを娶ってからだった。Ｒｅｙｌｓｏ

n、Rosley、Rocian、Rolange——7人中4人にRから始まる名前が授けられた。

兄に忠実なエリオの場合はもっと極端だった。

Rolion、Relson、Rickson、Rolker、Royler、Royce、Rherika、Robin、Ricci。

エリオの子供全員の名前を並べてみると、わかったことがあった。確かに彼は子供たち全員にRで始まったり、Kを含んだり、ONで終わったりする名前を与えているが、その要素すべてが与えられたのは一人だけだった。

Rickson——ヒクソン。

数秘術の効果を科学的に証明することは不可能に近い。ただ、グレイシー一族にとって最もパワフルな名前を与えられた男が、グレイシー一族最強の男と呼ばれるようになったのは紛れもない事実である。

伯父カーロスによって始められた数秘術による命名は、誰よりもその効果を実感したであろうヒクソンに息子が生まれた時にも受け継がれた。

彼は長男にRとKとONを、次男にはRとKとONだけを与えた。

Ｒｏｃｋｓｏｎと名づけられた長男は２００１年に事故で死亡し、次男は後に総合格闘家として、榊原が立ち上げる総合格闘技のイベント「ＲＩＺＩＮ」のリングに上がることになる。

Ｋｒｏｎ　Ｇｒａｃｉｅである。

髙田延彦は、ヒクソン・グレイシーと戦うために自分を変えようとした。

では、ヒクソン・グレイシーは、髙田延彦と戦うためにどうしたのか。

「何も変えなかったよ。まったく、何も」

変える必要性を、彼は感じていなかった。

「まず大前提として、わたしは柔術こそが最強の格闘技であると考えている。では柔術とは何か。武術であり、実戦なんだ。ポイントもなければ制限時間もない。体重制限もない。誰と、どんな状況で戦っても勝つ。日々そのための練習をやっているのだから、そもそも、相手に合わせたりとか、相手のスタイルによって戦い方を考えたりという発想自体がないんだよ」

仮に彼の求めているものが、ヒクソン・グレイシー個人としての強さなのであれば、相手によって対策を立てることもありえたかもしれない。だが、彼が求めていたのは柔術こそが最強の格闘術であるという証明だった。

勝つために対策を立てなければならない格闘術が、どうして最強を唱えられよう。もちろん、ヒクソンとて簡単にそんな境地にたどりついたわけではない。彼にも、弱者だった時代はあった。

たとえば、突如として弟たちが出現したのとほぼ同じ時期の出来事である。

「あの日のことはいまでも鮮明に覚えてる。人生を変えたといってもいい。いつものように父の道場で練習をしている時、そんなに技術もない、ただ力が強いだけの青帯にヘッドロックをかけられてしまってね」

実力では自分の方がだいぶ上だという自惚れが少年にはあった。だが、青帯の力は予想以上だった。万力のような力で頭を絞めつけられているうち、胸の奥底から、人生において味わったことのなかった感情が爆発的な勢いで迫り上がってきた。

パニックである。

「苦しくて息ができない。視界はふさがっている。そうしているうちに、閉所恐怖症のような感じになってしまってね。耐えられなくなったわたしは、思わず、タップしてしまったんだよ」

はるか幼少時代から、グレイシー一族に生まれたことの意味と宿命を叩き込まれてきたヒクソンである。周囲からは「君はグレイシーの子供だね。ということは、いつか黒帯になって、世界チャンピオンになるんだね」と見られてきた。周囲だけではない。他ならぬ彼自身が、そうなるものだと信じて疑っていなかった。

仲間うちでのトレーニングといえども、青帯相手にタップするなど、グレイシーの血を引く者にとって、絶対にあってはならないことだった。

彼は、打ちのめされた。

「悔しくて、情けなくて、自分が許せなくて、ぐちゃぐちゃな気持ちのまま、家に帰った。暑い夏の日だった。気温は確か、42度ぐらいあったと思う。家の床にひっくり返って天井を眺めてるうち、あることを思いついた」

家には、一緒に住むようになっていた弟たちがいた。新米の兄は、そのうちの一人に協力を仰ぐことにした。

「床のカーペットで自分をグルグル巻きにしてもらった。タップしてしまったのと同じ、猛烈に暑くて恐ろしく暗くて苦しい状況を作って、その中に自分を放り込もう、放り込んで、恐怖を克服しようと考えた。最初の3分間のことは、たぶん一生忘れないだろうね」

タップしてしまったのと同じ状況は、あの時と同じ感情を呼び覚ました。凄まじい勢いでパニックが込み上げてくる。理性のタガが弾け飛び、獣のような絶叫が喉を震わせようとした。

出せ、出せ、出してくれーっ！

だが、出ることはできなかった。どんなことがあっても10分間は俺を出すな。彼は弟にそう命じていたからである。

「死ぬ。このままでは死んでしまう。本当にそう思った。でも、懸命に深呼吸をして、自分に言い聞かせもした。大丈夫、空気はある。暑くて暗くて苦しいけれど、絶対に死にはしないいってね」

地獄のような3分が過ぎた。彼はまだ生きていた。5分が過ぎても、6分が過ぎても、ついに10分が過ぎても、生きていた。

「日を改めて、同じトレーニングをまたやってみた。1回目よりは明らかに楽になっていた。3回目の時は、もう中でヘラヘラ笑っていられるようになっていた。同じ暑さ、同じ暗さだったにもかかわらずね。それでわたしははっきりと認識したんだ。感情をコントロールすることの重要性を」

柔術の実力では劣るはずの相手にタップをしてしまったことで、彼は格闘技に必要なのはテクニックやパワーだけではないことを知った。カーペットを利用しての〝トレーニング〟を経験したことで、同じ状況が心理状態によってまるで違った印象になることも知った。

そして、新たな知識を獲得したことによって芽生えた好奇心は、ヒクソンを新たな世界へと導くことになる。

「母は座禅とかヨガが大好きで、よく小さかった頃は一緒に連れていかれてたんだが、わたしはどうにも集中力が続かない子供でね。性に合わないと思ってたんだ。わけのわからない瞑想とかをするぐらいだったら、道着を着てやり合ってる方がよっぽど楽しかった」

だが、道着を着てやり合っているだけでは足りないものがあると気づかされた頃、「一緒に座禅をしないか?」と誘ってきた友人がいた。何かヒントをもらえるかもしれない。そう考えたヒクソンは軽い気持ちでレッスンに参加することにした。

「最初は集団のクラスで練習を始めたんだが、わたしを一目見たオーランド・カニという先生が『君はわたしと個人レッスンをやろう』と声をかけてきた。もちろん、こっちとしては断る理由なんかない。1週間に3回、レッスンを受けるために先生のスタジオに通うことになった」

そこで行われていたのは、カラリパヤットというインド古来の武術とヨガ、さらには太極拳などを組み合わせた、ヒクソンがいまだ経験したことのない不思議なトレーニングだった。それでも彼が無条件で従うことができたのは、カーペットにくるまれながら自己流で悟った呼吸法の大切さを、オーランド・カニが極めて重視していたからかもしれない。

新たな師匠が彼に課したレッスンは、至ってシンプルなものだった。

「鏡がある。先生がいて、自分がいる。先生の動きに合わせて自分も同じ動きをする。それをずっと繰り返すんだ。同じ動きをして、同じ呼吸法をする。そして座禅」

レッスンを始めてから半年ぐらいが経ったある日のことだった。いつものルーティンを始めようとした時、電話が鳴った。

「ちょっと電話に出てくるから、一人で始めておいてくれ——そう言われたんで、その通りにした。いつも先生がやっているように動き、いつも先生がやっているように呼吸をし……気がついた時、わたしは壁に立てかけてある鉄棒にぶら下がっていて、それを先生が涙を流しながら眺めてた。そして言ったんだ。君は明日から来なくていいぞって」

師の涙と突然の拒絶は、ヒクソンを狼狽させた。何ともいえない静かな気持ち、自分が透明になったような感覚を味わわせてくれるカラリパヤットがすっかり好きになっていただけに、尚更だった。

だが、オーランド・カニが告げたのは拒絶ではなかった。

「穏やかな表情、穏やかな口調だった。もう、わたしが君に教えることはなくなったということだよ——先生はそう言った」

電話をとりに行ったカニは、手短に用件を済ませてスタジオに戻ってきた。言いつけ通り、弟子は一人でルーティンを始めている。彼は声をかけた。教え子は反応しない。もう一度声をかけても反応しない。結局、彼は1時間15分、一人静かにルーティンに取り組むヒクソンの姿を見守ることになった。

オーランド・カニが一目見ただけで特異な才能を見抜き、異例の個人レッスンを施してきたティーンエイジャーは、わずか半年で、ごく限られた者しかたどりつけない「無の境地」に足を踏み入れたのである。

師の涙は、怒りの涙ではなかった。奥義を極めた秘蔵っ子への、祝福と感動の涙だった。

「思えば、あれが人生で初めて、わたしが〝無の扉〟を開いた瞬間だった。感覚が研ぎ澄まされ、動物が持っている本能だけで動くような感覚。人間には理性がある分、常に何かを考えているだろう？　寝ている時だってそうだ。無になることが、実は一番難しい。でも、だからこそ、無になった時の途方もない感動は……」

その時に自分が味わった感動がどれほどのものか、彼は説明することができなかった。それでも、それがとてつもなく大きかったことは、すぐにわかった。

その頬を、涙が伝っていたからである。


16歳にして無の境地の扉を開いたヒクソンだったが、その扉がいつでも開いてくれるわけではなかった。

20歳の時、彼はそのことを思い知らされる。

「それはわたしにとってプロとして初めての試合だった。会場はマラカナンスタジアムの隣にあるマラカナンジーニョ体育館。相手は経験豊富なズールという選手だった」

この時34歳だったレイ・ズールは、単に経験豊富なだけのファイターではなかった。身長は193センチ、体重は100キロという黒人の巨漢で、しかも、バーリ・トゥード150連勝中ともいわれていた。

身長で約15センチ、体重でも大幅に上回る相手に、これがデビュー戦となるヒクソンは立ち上がりから大苦戦を強いられる。何とか第1ラウンドは凌ぎきったものの、誰の目にも優劣は明らかであり、劣勢を強いられている側が逆転する可能性はほぼないように思われた。

誰よりもそう思っていたのは、ヒクソンだった。

「10分間の第1ラウンドが終わった時、わたしは疲れすぎていて次のラウンドなんかやりたくなかった。やれば負けるとも思ったしね。ところが、『もうやりたくない』とセコンドの父に告げると、彼は言ったんだ。『まだまだやれる。全然大丈夫。相手の方がずっと疲れてる』とね」

疲弊しきったルーキーには、単なる気休めにしか聞こえなかった。無の境地などどこにもなく、あったところで何の役にも立ちそうになかった。

「だから、改めて言ったんだよ。『自分は本当に疲れているし、もう無理だ』って。あの時のわたしは、ほとんど駄々っ子に近い状態だったと思う」

頭を冷やせ、という意味もあったのだろう。突然、頭からザブンと氷水が浴びせられた。同じくセコンドについていた兄の仕業だった。ヒクソンは渋々立ち上がった。

「その3分後、わたしは勝っていた。ズールが見せた一瞬のスキを突いたチョークスリーパーだった」

自分よりはるかに大きく、はるかに経験豊富だった相手に大逆転勝ち。1万1800人収容のマラカナンジーニョは大変な騒ぎになった。だが、もみくちゃにされながら、ヒクソンはなかば呆然としていた。

「なぜわたしはズールに勝てないと思ったのか。自分の疲れだけにフォーカスしてしまい、相手が見えていなかったからだった。自分が作り上げた恐怖で、自分をダメにしそうになっていたんだ。この試合は、いまでも人生で一番大切なことを教えてくれた試合だったと思ってる」

ヒクソン・グレイシーを打ちのめそうとしたのは、ズールではなく、ヒクソン・グレイシーそのものだった。自分自身こそが、自分にとって最大最悪の敵だった。

「試合中の恐怖がいかに敵であるか。幸いなことに、わたしはこの極めて重要な教訓をデビュー戦で学ぶことができた。だから、誓ったんだ。もう二度と恐れない。恐れてはいけない。恐れないための日々を過ごそう。ネガティブな感情、無駄な感情は切り捨て、無の状態で戦いの場に臨める人間になろうと」

ズール戦の過ちを二度と繰り返さないために、彼はそれまで以上にオーランド・カニの教えとそこで学んだトレーニングを重視するようになった。それまで以上に、侍の生き様、武士道という考え方に傾倒するようになった。

二度と恐怖に飲み込まれないために、恐怖という感情を理解しようともした。知らなかったから、20歳の自分は恐れた。知れば、きっと恐れずに済む——。

いつしか、恐怖は彼にとってよき友になっていた。

「戦いの時の恐怖は、百害あって一利なし。ただ、日常生活を送る上において、恐怖は自己防衛のための大切で立派な感情だと思う。物事を理解できない時に湧き上がってくる感情。未知なるものと出会った時に芽生える感情。不確かな状況に直面した際の感情。すべて恐怖だといっていい。思うに、恐怖という感情は、失敗しないように注意しろよという、本能からの警告であり忠告なんだ」

普段の日常ではよき友として付き合い、しかし、試合になれば最悪の敵として封印する。簡単なことではもちろんない。それでも、最強の男になるためにはやるしかない。

幸い、ヒントはあちこちに転がっていた。

「警察官は毎日の仕事に行く前、もしかしたら自分は今日、犯罪者に撃ち殺されるかもしれない、と考える。それは間違いなく恐怖だけれど、その感情に飲み込まれてしまったら仕事にならない。だったらどうするか。自分が死ぬかもしれない可能性を理解した上で、それを受け入れるしかない。どんな結果になろうが、警察官になった以上、自分はそれを受け入れる。そう覚悟を決めることで、恐怖をやわらげていくしかない」

どれほど優秀で勇敢な警官であっても、殉職の可能性はゼロではない。日常の努力、鍛錬はもちろん重要だが、生と死を分かつのは神の仕事である。

ヒクソンも、優秀で勇敢な警官たろうとした。

「試合前にやるべきことはすべてやる。その上で、結果は神に委ねる。勝つかもしれない。負けるかも、死ぬかもしれない。でも、どんな結果であってもそれをすべて受け入れる覚悟をしておけば、恐怖は消える。平穏な気持ちで戦いに臨むことができる」

ヒントをもたらしてくれたのは警察官という仕事だけではない。時に彼は、登山家たろうとした。サーファーたろうとした。

「エベレストに登ると決めた登山家は死ぬことを恐れる。それは悪いことか？　違う。ビッグウェーブに乗るサーファーも死ぬことを恐れる。いけないことなのか？　違う。大きな目標に挑む者は、それなりのリスク、可能性を受け止めた上でやっている。もちろん、本番では恐怖を完全にコントロールできるのが理想だが、わたしは、何も恐れない人間というのはただの愚か者だと思う」

時には、ギャンブラーたろうともした。

「彼は英語ができないし、わたしは日本語ができない。それでも、初めて会った瞬間に、この人とならわかり合える！　と直感することができた。常にとてつもない重圧や恐怖と戦い、それを克服するために葛藤してきたっていうのが空気として伝わってきたからね。生きてきた世界は違ったにもかかわらず、わたしたちが求めてきたもの、求めているものはほとんど同じだった。彼の話を聞くことは本当に楽しかった」

〝彼〟の名前は桜井章一。〝雀鬼〟あるいは〝20年間無敗の男〟ともいわれた、伝説的な麻雀打ちである。

勝つためには、強くなければならない。だが、肉体的な強さだけでは勝ち続けることはできない。道場で流す汗だけでは足りない。柔術と自分が最強であり続けるために、糧となるものであれば貪欲に取り込んだヒクソンだった。

生きることは、すべて勝負のためにあった。

勝負の前には、静かに、しかしはっきりと死を覚悟するようにもなった。

もちろん、１９９７年10月11日も。

死刑台に上るような気持ちでリングに上がった髙田延彦を待っていたのは、そんな人生を送ってきた男だったのである。

髙田延彦がボロボロになってしまった体調を整えるために四苦八苦していた頃、ヒクソンは調整キャンプを張っていた長野県の山中で火を眺めていた。

「キャンプの最終日に焚き火をするのがわたしのルーティンなんだ。火を熾して、そこから何も手を加えずにずっと見つめる。炎は、最初は小さく燃え始め、やがて真っ赤に燃え盛り、最後は静かに消えていく。わたしには、そのプロセスが人生そのもののように思えてね。小さな炎、大きな炎、消えゆく炎を見つめながら、人生を振り返り、自分に言い聞かせる。明日死んでもいい、とね」

やるべきことはやった、という実感があった。彼が大切にしていたもうひとつのルーティンも無事に終わっていた。

「大きなプロジェクト、戦いに挑む時はその1カ月ぐらい前から物を彫る作業を始めるようにしている。木であったり竹であったり、素材は様々なんだが、とにかく、それを彫って何か作品を作る。いろんな人々にサポートを受けていても、リングに上がれば所詮は自分一人。誰も助けてくれない。その現実を試合の前から自分の内面に染み込ませるために、孤独と向き合うためのひとつの習慣として、物を彫る作業に没頭するんだ」

体調は万全だった。心も整った。だが、明鏡止水の境地には、まだ何かが足りなかった。

「わたしにはいろいろな場所でいろいろな相手と戦ってきた経験があった。だが、あんなにも輝かしく、派手で、華やかな舞台でやったことはさすがになかった。もちろん、どんな結果になっても受け入れる覚悟はできていたし、家族の名前を代表して戦えることに喜びも感じていた。気負いや恐怖はなかったと断言できる。ただ、完全に冷静というわけではなかったんだろうね」

いままでになかった舞台に上がる以上、いままでやらなかったことをやらなければならない気がした。

彼は、剃刀を手にした。

「一切の無駄をそぎ落としたい、身体を清めたい。そんなふうに思ってね」

人生で初めて一切の髪を剃り落とした。

鏡に映る異形の姿を見て、ちょっといい気分になった。悪くない。いつも以上に、決戦に赴く男の顔になっている。

新たにわかったこともあった。似ているようで、剃髪と坊主頭はまるで違った。

「風が冷たかったよ」

やるべきことは、すべて、やった。あとは、東京へ行くだけだった。

長野の山奥よりはるかに暖かい、東京へ。

第九章　1997年10月11日

髙田延彦とヒクソン・グレイシーが東京ドームに集まった4万6863人の前に姿を現した時、およそ4・5キロメートルほど離れた神宮球場では、広島カープの西山秀二がヤクルトスワローズとの26回戦を戦っていた。

すでにヤクルトは5回目となるセントラル・リーグ優勝を決めており、また、広島の3位も確定していた。この日集まった観客は1万4000人だった。

8番キャッチャーで出場した西山は、3打数ノーヒットに終わった。試合は7回裏に5点を奪ったヤクルトが逆転で勝利を収め、広島との対戦成績を15勝11敗とした。

1年前、首位を独走していた広島は球史に残る大逆転を喫し、最終的にはこの年と同じ3位に終わったものの、貯金は12あり、打撃ベスト10には8位に入った西山を含む4人が名前を連ねていた。

だが、この年は開幕直後からヤクルトの後塵を拝し、4年ぶりに勝率5割に満たない成績でシーズンを終えようとしていた。西山の成績も、3割1分4厘だった1年前から、あわや1割台に突入しようかという2割0分5厘まで落ち込んでいた。

広島にとっての、長い暗黒時代が始まろうとしていた。

翌年、西山秀二は正捕手の座を失った。


PRIDE・1のリングサイド席は、当時としては破格の10万円という値段がつけられていた。

その高価なチケットを購入した一人が、福薗好文だった。

「自腹だよ、もちろん。髙田さんの応援っていうのもあったし、あとは、あれだけ話題になってるヒクソンってのがどんな選手なのか、間近で見たいって気持ちもあったしね」

試合前の控室には顔を出さなかった。

「そういうのが好きな人っているけどさ、あんまり好きになれないんだよね。少なくとも、自分はほとんどやったことがない。1回だけ、髙田さんが後楽園ホールで試合をした時に顔を出したぐらいかな」

プロレスラーにとっての控室は、相撲取りにとっての支度部屋のようなものである。

いくら親しい友人とはいえ、戦う前の大切な時間と空気を乱したくないという思いが寺尾にはあった。

目の前に立つヒクソンは、寺尾の目にも特別なものを持っているように映った。

「相撲もそうなんだけど、どれだけこちらが力を出しても、それを吸収しちゃうような力士ってたまにいるんですよ。日馬富士の親方になる旭富士や、北尾光司とか。あと、若い頃の貴乃花もそうだった。押しても押しても押してる感じがしないというか」

彼があげた力士に共通する特徴は「柔らかさ」だった。

真っ白のトランクスを穿き、綺麗に頭を剃り上げたヒクソン・グレイシーの黒光りする身体は、見るからに柔らかそうだった。


前を行く者の肩に両手を乗せ、後ろの者もまた同じようにする。後にグレイシー一族を象徴するシーンとして有名になり、2012年のロンドン・オリンピックで銀メダルを獲得したサッカー女子日本代表が表彰式に臨む際にも同じことをやった。

通称、グレイシートレイン。

だが、彼と一族の知名度を飛躍的に高めることになった髙田延彦との一戦で、グレイシートレインは走らなかった。

列車を組む人間がいなかったのである。

ヒクソンの日本行きを激しく嫌った兄ホリオンは、一族の他の者たちが同行することを禁じようとした。禁を破れば、二度とUFCのリングには上げないことも宣言した。長兄にしてプロモーターでもある人物の言葉は重く、ほとんどの者は命令に従った。真っ向から禁を破ったのは、ホイラーただ一人。これでは、グレイシートレインを組もうにも組みようがなかった。

もっとも、ヒクソン自身はグレイシートレインというものにさほど重きを置いていなかった。

「どうでもよかった、というのが正直なところかな。あれはわたしが望んで始めたことではないし、所詮、リングの上では一人で戦うしかないわけだから」

先頭を切って歩いたのはホイラーだった。真っ白いガウンを目深にかぶったヒクソンがその後に続き、さらにその後ろには一人の日本人がいた。

渡辺孝真である。

ヒクソンが初めて日本にやってきた1994年、新宿のスポーツセンターで柔術を教えていた渡辺はついに〝伝説の男〟と出会った。バーリ・トゥード・ジャパンのために来日することを知った渡辺が、知人を通じてコンタクトをとってもらったのである。

「初めてレッスンをしてもらった時に思ったんです。これはとんでもないものを見てしまった。この人から黒帯をもらいたい。この人からもらえないのであれば、一生茶帯でもいいって」

それまでに多くの指導者と出会ってきた渡辺にとっても、ヒクソンは明らかに、そして完全に別格だった。

「どこがどう違うのか、技術的なことを言葉で説明するのは難しいんですけど……たとえばある問題があったとする。これを解決するためにはどうしたらいいのか。誰に聞いても大概は同じような答えが返ってくるんですけど、ヒクソン先生の答えだけは違うんです。目からウロコ。そういう発想があるんだ、と驚かされる」

それは、もしかすると柔術だけをやってきた指導者と、より優れた柔術家となるべくあらゆるジャンルからそのエッセンスを吸収し続けた者の違いだったのかもしれない。ともあれ、心酔した渡辺はヒクソンに尽くすようになり、日本に来たヒクソンは渡辺を頼りにするようになった。

髙田延彦との決戦前、グレイシートレインを組むことができなかったヒクソンは、リングへ向かう一行に渡辺を加えた。

「場所の大きさが大きさですから、もちろん緊張はありました。ただ、負けるわけがないっていう思いも同時にあって。というのは、拳は柔らかいグローブで包まれていて、地面は柔らかいマットなわけですよね。ひょっとしたら本当に命を落とすかもしれない場面を幾度となく経験してきてるヒクソン先生からすると、安全そのものの舞台でしたから」

トレインを組む一族の人間はいなくても、陣営の雰囲気は最高だった。

「ヒクソン先生の奥さん、キムさんがそのあたりは抜群にうまかったんです。みんなをいい感じでピリピリさせて、さあ戦いだぞ、戦争だぞって意識を高めていった。基本、ヒクソン先生は戦うこと以外に関してはすごく無頓着な人なので、キムさんのプロデュース力は大きかったと思います」

眩いスポットライトに照らされながら、渡辺はヒクソンの後に続いてリングへと向かった。コーナーポストの下から見上げた対戦相手、髙田延彦は想像していたよりは大きかった。

だが、渡辺にとってはどうでもいいことだった。

トレーニングをともにしたことで、彼はヒクソンのとてつもない強さを実感していた。

そして何より、渡辺にとっての柔術の原体験は、華奢な体格の同級生が、巨軀の黒人セキュリティを瞬殺したことにあったからである。

緊張はあった。ただ、不安はなかった。

まったく、なかった。


渡辺孝真が陣取ったコーナーの反対側に、鈴木健はいた。

ヒクソンとの一戦は、彼が手がけたものではない。それでも、かつてはファンクラブの会長を務めるほどに心酔していたプロレスラーの一大決戦となれば駆けつけないわけにはいかなかった。

相当に難しい試合になるだろうという予感はあった。

「プロレスラーが力を発揮するにはルールが違いすぎてたからね。たぶん勝てないだろうなというのは、正直思ってた。もちろん、髙田さんに勝ってもらいたい気持ちには一点の曇りもないし、ここで勝てば、一度はストップした形になってるタイソンとの話も動き出す。個人的な感情だけじゃなく、髙田さんの今後のことを考えても、何とか勝ってもらいたかった」

ヒクソン戦の3カ月ほど前、髙田から聞いた言葉が鈴木の耳に残っていた。

「自分が新日本、Uインターでやってきたことが何だったのかを確かめたいんだって。

だから、大事なのは勝ち負けじゃない。たぶん、自分が勝つ可能性は2%ぐらいしかない。98%は自分が負けると思うけど、でも、試してみたいんだって」

強くなるために純粋で貪欲なところは、鈴木が髙田に惚れ込んだきっかけでもあった。

二人が初めて出会った時、アームレスリングの世界で名の知れた存在だった鈴木は、新日本プロレスを退団したばかりの髙田と腕相撲で勝負し、あっさりと退けた。潔く負けを認めた「青春のエスペランサ」は、しかし半年後、何食わぬ顔で再戦を申し入れてきたかと思うと、以前とは別人のような力強さでリベンジを果たしたのである。

わずか半年で立場を逆転できるほど、アームレスリングの世界は甘いものではない。この世界に打ち込んできた鈴木には、新日本プロレスを退団したばかりの若いプロレスラーがどれほどの鍛練を積んできたのか、容易に想像することができた。そして、強くなるためであればどんな努力も惜しまない男だと知ったからこそ、彼は髙田に惚れ込んだのである。

その思いはどれほどの月日が流れても、そしてヒクソン・グレイシーと戦うために髙田が自分のもとを離れ、榊原信行のもとに走ることになっても、揺らぐことはなかった。

強くなるために、自分の力を試すためにヒクソンとやりたいと言う髙田にブレーキをかけることは、自分が人生を捧げてきた男の生き方を否定することでもあった。

戦いが始まってしまえば、リング下にいる自分にできることは何もない。

それでも、鈴木健は祈らずにいられなかった。


試合を肉眼で観られるところに榊原信行はいなかった。

彼は運営本部でモニターを見ていた。

心中は、敗北感でいっぱいだった。

「入場券の実売が、3万枚ぐらいだったんですよ。客観的に見れば、悪くない数字だと思います。ただ、爆発的に売れていたK－1の勢いに比べると、あるいは7万人近く入った新日本とUインターの対抗戦に比べると、まるで物足りなかった。所詮、ぼくみたいな人間にはこの程度のことしかできないんだと、改めて思い知らされた気分でした」

いろいろな偶然が重なり合って始まった高田との関係であり、ヒクソン・グレイシーとの交渉だった。だが、決戦の日が近づくにつれ、高田とのつながりは希薄になっていった。

「高田さんにとっては人生のすべてを賭けた一戦。でも、申し訳ないけれどぼくにとってはそうじゃなかった。もちろん情熱を持ってやってはいたけれど、他に社業がある中のワン・オブ・ゼムでしかなかった。熱量が、全然違ってたんです。たぶん、髙田さんも感じてたんでしょうね。いつのまにか完全な没交渉になってました。だからあの日も、ぼくは髙田さんに会ってない。試合前も試合後も、同じ空間にいたんだけれど、会ってない」

投げやりになっていたわけではない。思い描いたものには程遠かったが、最低限の舞台は作ることができたという自負はあった。

ただ、充足感や達成感はなかった。

「たぶん、これって自分の人生において大きな失敗のひとつになるんだろうな、と思いつつ、次は何をしようかなとか考えたりもしてました」

髙田との関係が疎遠になってしまったのは残念だが、ビジネスの世界では珍しいことではない。

まずヒクソンが、続いて髙田がリングに上がった。場内の異様な盛り上がりをモニターから感じながら、榊原は決意を固めつつあった。

これで、終わりにしよう。

東京から6370キロメートル離れたウズベキスタンの首都タシケントでは、フランス・ワールドカップのアジア最終予選、ウズベキスタン対日本の一戦が始まろうとしていた。

試合開始は、日本時間で21時3分の予定だった。

ブラジル国歌の吹奏に続き、日本国歌の独唱が終わった。

リングアナのコールが始まった。

「青コーナー、178センチ、84キロ。ヒクソーン・グレイッシー！」

歓声が沸き上がる。ヒクソンはまず右、次に後ろ、そして左方向に向かって頭を下げ、最後に小さな笑みを浮かべながら高田のいる方向に会釈をした。

「赤コーナー、183キロ、95キロ、たかだー、のぶひこー！」

沸き上がる、というよりも噴出したとしかいいようのない、爆発的な歓声がドーム内に轟いた。ほとんどの人は、アナウンサーが犯した致命的な過ちに気づかなかった。緊張のせいなのか、彼は183センチと言うべきところを、183キロと言ってしまったのである。

だが、百戦錬磨のリングアナにミスを犯させた異様な空気は、ミスに気づかせる余裕を場内の観客から奪ってもいた。些細なミスが眼中に入らなくなっていたほどに、場内の集中力が高まっていた、ともいえる。

日本語がわからないヒクソンはもちろん、髙田にも気づいた気配はなかった。

レフェリーの島田裕二がリング中央に二人を呼び寄せた。試合前の注意。決闘が始まる前の、最後のセレモニー。

だが、髙田の意識は、ルールの確認をするレフェリーの言葉ではなく、目の前に立つヒクソン・グレイシーに吸い寄せられていた。

「7月だったかな、共同記者会見で初めてヒクソンと同席したんだけど、その時とはまるで雰囲気が違ってた。記者会見の時のヒクソンは、眼光だけは異様な鋭さを放っていたものの、あれでもスイッチオフの状態だったんだろうね。獲物を狙うスイッチが100%入ったリング上のヒクソンは、いまにも飛び掛かってきそうだった。そんな男を前にして、自分は何の武器も持たずにパンツ一丁で立ってる。あの怖さ、心細さ……これはどれだけ説明したって、他人にはわかってもらえないと思う」

説明が終わり、両者がコーナーに分かれた。

21時9分、ゴングが鳴った。

「今から思えば、よくゴングが鳴った瞬間に逃げ出さなかったよね、俺。それでも逃げなかったのは、単なる条件反射だったと思う。相手が誰だろうが、鳴ったら、行く。そういう人生を20年近く送ってきたわけだから」

だが、〝行った〟ところでできることは何もない。というより、「何もするな」というのが、ヒクソン対策として呼んだコーチのアドバイスだった。

髙田延彦は、ヒクソンとだけでなく、恐怖とも戦わなければならなかった。

敗れる恐怖と。

命を落とす恐怖と。

そして、積み上げてきたものすべてを失ってしまう恐怖と。


大いなる喜びとともにヒクソンは試合開始のゴングを聞いた。

「わたしは毎朝神に祈るんだが、あの日の朝は『素晴らしい舞台を与えてくださってありがとうございます。今日の試合で勝っても負けても、たとえリングで死ぬことがあっても、グレイシーの名前を背負って死ねるのですから、本当に幸せです』と祈った。あんな大きな舞台で、あんな素晴らしい演出の中で、あんな多くの人の前で戦うことができる。いままで自分が上がったことのない、最高で、最大で、最良の舞台での戦いが始まる。それが嬉しくてたまらなかった」

青帯相手にタップしてしまった時のようなパニックはなかった。カーペットに巻かれてきっかけをつかみ、オーランド・カニのもとで学んだ呼吸法は、人生最大の決戦を前にしたヒクソンに馴染み深い静謐をもたらしていた。ズールと戦った時のように、相手の強さ、大きさばかりをフォーカスすることもなかった。

彼は、万全だった。

ゴングが鳴り、自分を軸にグルグルと回りながら距離を保つ日本人プロレスラーを、彼は注意深く見守った。

「髙田さんがわたしに恐怖を抱いていたって？　それはわからなかった。残念ながら、わたしには試合中に対戦相手の感情や心理を読みきるだけの技量がないからね。それに、試合をする時は無であろうとしている以上、相手の感情を意識することはそれを否定することにもつながってしまう。わたしにとっての戦いとは、頭ではなく心と精神力、そして経験によって成り立つものなんだ」

考えて動くのではなく、反応に身を委ねる。それがヒクソン・グレイシーの戦い方だった。

自分は一切のスキを見せず、相手がスキを見せたらすべてのエネルギーをそこに注ぎ込む。ジワジワと前進し、相手に重圧をかけながら、彼は髙田がスキを見せる瞬間を待った。

どれほど力の差があるように見えても、小さなミスが命取りになることを彼は知っている。気持ちの揺れが信じられない逆転を生むことも知っている。

やるべきことは、ひとつしかない。

無の境地であり続けること。


当然、気持ちは親友である髙田の側にあった。それでも、泰然と構えるヒクソンの姿は、6年前に対戦した、後に名横綱となる力士と初めて戦った時のことを寺尾に思い起こさせた。

「自分が28歳の時、18歳だった貴乃花との初顔合わせ。身長、体重はほぼ互角。自分としてはやりやすいタイプだと思って自信満々だったんだけど、立ち合って彼に触った瞬間、感じちゃったんですよ。『これは勝てない！』って」

それは1991年3月、大阪場所11日目の一番だった。

6勝4敗で終盤戦を迎えた西の小結・寺尾は、この日、初日から破竹の10連勝を遂げてきた東の前頭13枚目、後に貴乃花と改名する貴花田を迎え撃った。伝説的な相撲一家の次男として生まれた若き貴花田は日本全国に空前の相撲ブームを巻き起こしつつあり、角界屈指の人気力士・寺尾との一戦は、大変な注目の中で行われた。貴花田が勝てば、実に27年ぶりの平幕11連勝である。

明大中野高を中退して大相撲の世界に飛び込んだ貴花田は、この時18歳、高校3年生の年だった。それでいながらの10連勝は彼が只者でないことの証明でもあるが、寺尾にもこの世界で10年生きてきた者の意地がある。稽古場で大横綱・千代の富士の胸を借りた時は、得意だった突っ張りが弾き返され、「この世の中にこんな人間がいるのか」と驚愕したものだった。

それに比べれば――。いかに角界のサラブレッドだろうが、いかに10連勝だろうが、恐れる理由は何もなかった。

それだけに、衝撃は大きかった。立合いから強烈な喉輪をかました瞬間、予想外の直感が走ってしまったのだから。

「これはやばい。今日ここで勝っておかないと、今後、間違いなく手に負えなくなる。そう思いましたからね」

込み上げてきた畏怖にも似た感情を懸命に押し殺し、寺尾は攻めた。激しい突っ張りの応酬から、一度は喉輪で相手を土俵際まで追い込んだ。

だが、最後は土俵下に吹っ飛ばされた。花道を引き上げる途中、彼は悔しさのあまり、さがりを叩きつけた。

「2000番近く相撲をとりましたけど、あの取組が一番印象に残ってるかなあ。その後11年間も現役を続けることができたのは、もう一度貴乃花と対戦することが目標に、モチベーションになったからでもありますし」

リング上で対峙している髙田がどう感じているかはわからない。願わくば、相手の姿が大きく見えていないことを寺尾は祈った。

「やる前に相手がでかく見えたら、まず負けます。9割9分9厘。これは不思議なもので、同じ力士がいつも同じ大きさで見えるわけじゃない。でかく見える時と、そうでない時がある。もしでかく見えちゃった時は、仕切りで見合うたびに、小さくしていこうとするんですけどね」

ヒクソンのまわりをグルグルと回り始めた親友の背中に、一瞬、怯えのようなものが見えた気がした。

寺尾は祈った。それが気のせいであらんことを。そして、まもなく訪れるであろうファーストコンタクトの際、かつて自分が貴花田と戦った際に走った直感が、髙田の心中を貫かないことを。

髙田の目に、対峙している相手は実物以上に大きく見えていた。底の知れない恐怖もあった。寺尾の感覚からすれば、9割9分9厘、勝てない状況である。

試合開始から2分、ついにファーストコンタクトの瞬間が訪れた。青コーナーに髙田を追い詰めたヒクソンが、足をつかんでグラウンドに持ち込もうとしたのである。

寝るな――セルジオの〝アドバイス〟が染みている髙田は、懸命にロープをつかんで倒されまいとした。

「ロープをつかむのが反則だっていうのはわかってたよ。でも、こっちとしては減点覚悟でロープを使わせてもらうつもりだった。というのも、以前観た何かの試合でロープにしがみつく相手にえらく苦戦したのは知ってたからね」

反則をする。ワン、ツー、スリー。パッと放す。またつかむ……髙田がイメージしていたのは、プロレスの世界では常識とされる反則の使い方だった。ところが、何食わぬ顔でレフェリーブレークを聞き入れた髙田には「コーション」が言い渡された。

「あと1回やったら反則負けだっていうわけですよ。試合前に決めたルールをきちんと把握してなかったこっちが悪いんだけど。それにしてもあの大試合がたった2回のコーションで負けになるとはね。ヒクソン側はよほどロープにしがみつかれることを警戒していたんでしょう」

いよいよ進退は窮まった。もともと暗かった見通しが、漆黒の域に近づきつつあることを髙田は感じていた。

ただ、貴花田と戦った際の寺尾のような衝撃は感じなかった。

当然かもしれない。

ヒクソンはライオンで、髙田は狩られる側だった。少なくとも、髙田の意識はそれに近かった。

ライオンを倒す草食動物は少ない。だからといって、自分の命が奪われるのを容認する草食動物はいない。

相手の強さに感心したり驚いたりする草食動物など、存在するわけがない。


髙田がそうだったように、ヒクソンにとっても、ファーストコンタクトはさして意味のあるものではなかった。

「最初に組んだ段階で相手の実力がわかる、と柔道の人たちは言う。わかる気はするよ。というのも、柔道はまず相手をつかまないと始まらない競技だから、最初の組むという瞬間に非常に多くのことが集約されている。体重のかけ方だったり、襟の絞り方だったりね。でも、柔術は違う。組んでもいいが、組まなくてもいい。だから組んだだけでは何もわからないというか、相手の構えだったり距離感だったり、すべてを感じながら相手の力量を探っていくしかないんだ」

　自分のまわりをグルグルと回る相手を冷徹に見つめながら、ヒクソンの本能は答えを弾き出しつつあった。

「髙田さんの距離感、構え、動きを見ているうち、彼が何をしたいのか、次に何をやろうとしているのか、だいたい予想できるようになった。はっきり言えば、〝見えた〟感じがした。なので、彼が何をしてきても自分はその一手先、二手先をいけるはずだという確信めいたものもあった。あとは、髙田さんに疲れが見えてきたり、ミスを犯すようなことがあったりすればそこを突くだけだった」

　試合が始まって3分が経った。リング中央で髙田が狙ってきた膝蹴りをヒクソンはキャッチし、そのまま183センチの身体を抱え上げた。

　そして、背中からリングに叩きつけた。


　勝った！

　リング下から見守っていた渡辺孝真は師の勝利を確信した。

　髙田延彦というレスラーの実力がどれほどなのかは知らない。けれども、どんな相手であろうとも、テイクダウンさえしてしまえばヒクソンの敵ではない。

弟子の確信は、正しかった。

痛《いって》え！

リングに叩きつけられた瞬間、髙田の腰骨付近に激痛が走った。

「普通、レスラーって金的を守るためのファウルカップってつけないんだけど、あの試合の時はつけたんだよね。ところが、何せ使い慣れてないもんだから、後ろで縛った結び目が大きくなりすぎちゃっててさ。で、腰骨のあたりにあった結び目のところからリングに叩きつけられた。うわっ、痛えと思ったら、次の瞬間……終わってた」

厳密にいえば、背中からリングに叩きつけられた髙田は、その後100秒以上、ヒクソンの攻めを凌ぎ続けた。1ラウンドは5分。時計の針は4分40秒を回った。あと十数秒耐えれば彼はゴングに救われる。

馬乗りになったヒクソンは執拗に首、顎を狙ってくる。安生も絞め落とされたチョークスリーパー。当然、髙田も警戒はしていた。

絶対に首を守らなければ——。

安全を第一に考えるのであれば、このままチョークスリーパーを狙ってもよかった。

このラウンドで試合が決まらないかもしれないが、自分の身にリスクはない。ある一定の余裕を確保した彼は、そこでセコンドに残り時間を聞いた。

あと20秒。

すぐに決断が下された。この残り時間であれば、仮に髙田の反撃を食らうことがあってもゴングが救ってくれる。リスクは少なく、得るものは大きい。一か八かの一手を打っていい時間帯だった。どうやら髙田の意識はチョークスリーパーに向いているらしい。

もう一度、首にいく気配を見せておいて——。

首を守ろうとして無防備になった髙田の右腕を取った。

1ラウンド4分47秒。

腕ひしぎ十字固め。

黒いオープンフィンガーグローブをつけた髙田の左手が、ヒクソンの左膝あたりを力なく叩いた。

決戦は、あっけなく終わった。

最高部で56メートルほどはあるという東京ドームの天井を眺めながら、髙田は呆然としていた。

「終わった、やられた、なす術なく。そんな思いがパンパンパンって続けざまに頭に浮かんできた。しばらく経つと、ちょっと冷静になってきて『これ、どのツラ下げて花道を帰ればいいんだろう』って思いが頭をもたげてきた。そんなに長いことは寝ていなかったはずだけど、応援に来てくれた皆さんが待ち構えている地獄の花道を、俺、どんな顔して帰っていけばいいんだろうって思ってた」

何もできなかったことは、髙田自身が一番よくわかっていた。ファンがどれほど衝撃を受け、またどれほど怒り狂っているかも肌感覚で想像がついた。

「やだなあっていうのが、率直なところだったよね。控室までの100メートルぐらい。もっと短かったかなあ。歩きたくない、通りたくないなあと思いながら立ち上がった」

誰だったかは覚えていない。キングダムの誰かが「大丈夫ですか」と声をかけてきてくれた記憶はある。

大丈夫だった。悲しくなるぐらい顔はきれいなままで、腕ひしぎ十字固めを極められた右腕も問題はなかった。

ゆっくりと立ち上がった髙田は、仲間たちとともにリングを下り、花道を歩き始めた。

凄まじい罵声が聞こえてきた。

「何ていうのかなあ、グワァー、グオーっていう塊みたいな音に混じって、妙にクリアな言葉がスッと聞こえてくんのよ。恥を知れ、とか、お前は何をしに来たんだ、何をやりたかったんだ——そんな感じで。本当はもっといろんなことを言われてたのかもしれないけど、その一個一個は覚えてない。電車の中から見る風景みたいなもんでさ」

高田のファン、プロレスのファンからすれば、何の見せ場もないまま終わってしまった試合の鬱憤を晴らすには、高田を罵るしかなかったのだろう。

この日以降、高田延彦はこう呼ばれるようにもなった。

日本の恥。

プロレスの恥。


試合は終わった。レフェリーの島田に左腕を掲げられたのとほぼ同じタイミングで、仲間たちがリングになだれ込んできた。

ヒクソンに笑顔はなかった。

「赤ちゃんだったらソファによじ登りたい、歩いてみたいと考えるものだろう？　人間には、生まれながらにして物事を達成しようとする衝動が埋め込まれている。わたしにとっての衝動は、常に勝ち続けていたい、ということなんだ。だから、高田さんに勝ったのはもちろん嬉しかったけど、歓喜するほどではなかった。なぜならば、明日もまた試合があるかもしれない。ここで歓喜することで生まれるスキが、明日のパフォーマンスに影響するかもしれない。そのせいで命を落とすかもしれない」

妻が観ていた。子供も観ていた。家族に、仲間に、そして日本の観客に、自分とグレイシー柔術の強さを証明することができた充足感はあった。傍から見れば非の打ちどころのない圧勝劇。だが、戦った本人の実感は少し違っていた。

「勝利と敗北というものは、ほんの紙一重の違いでしかない。あの日、わたしはミスを犯さず、髙田さんはミスを犯した。でも、もしかしたらわたしがミスを犯し、髙田さんがそこを突いてきた可能性だってあった。それがバーリ・トゥードの世界だからね」

ライオンを前にしたからといって、生きることを諦める草食動物はいない。

狩りに成功したからといって、歓喜するライオンもいない。

だから、髙田延彦は逃げなかった。

だから、ヒクソン・グレイシーは笑わなかった。

そういうことだったのかもしれない。

渡辺孝真は、むろん喜んでいた。自らは喜びながら、喜ばない勝者を見ていた。

エリオ・グレイシーの教えが頭をよぎった。

「喜ぶというのは、自分にとって予想外のことだったからだ——常々そうおっしゃってたんですよ。試合には何のために行く？　勝つためだ。勝つために行って、勝ったからといって、何を喜ぶことがあるんだって」

歓喜に沸く仲間たちに揉みくちゃにされながら、ほとんど表情を崩すことのないヒクソンを見て、彼はエリオ・グレイシーの教えが、100%の純度で息子に受け継がれていることを実感していた。

勝っていれば、一緒に祝勝会に繰り出すこともあったかもしれない。

だが、これほどの完敗の後にかける言葉が、福薗好文には見つからなかった。

控室に顔を出すこともなく、彼は東京ドームをあとにした。

髙田がタップしたのと同じ頃、タシケントでは、ウズベキスタン対日本の一戦がようやく前半10分に差しかかろうとしていた。岡田武史新監督に率いられた日本代表の出来は、あまり芳しいものではなかった。

運営本部内のモニターで試合を観ていた榊原信行は、言葉を失っていた。

「やらなきゃよかった。まず浮かんできたのがそれでした。もちろんぼく一人が作ったイベントじゃなかったけれど、自分が起点になって、何とか東京ドームでやれるところまでこぎつけて、で、これかと。本当だったら達成感とか充実感とかあってもよさそうなもんなんですけど、そんなものは1ミリもなかった。ただただ後悔だけ。みんなの嘲笑が聞こえた気がしましたし、自分の運のなさ、持ってなさを呪いたい気分でした。何だよ、俺の人生、結局これかよって」

試合が近づくにつれて髙田と没交渉になっていた榊原は、それゆえ、髙田がどれほど体調を崩し、どれほど弱気になっていたかを知らなかった。彼にとっての髙田延彦は、ヒクソンとの対決を熱望し、そこでの勝利を夢見ている髙田延彦だった。

「北尾みたいな大男をハイキック一発で倒しちゃうんだから、ヒクソンなんかひとたまりもないよねとか、いまから思えば信じられないほど幼稚なことを考えてましたから。髙田さんが負けるイメージ、ゼロでした。だからこそ、あれほどの完敗、あれほどの惨敗に打ちのめされちゃった。ぼくだけじゃない、みんなそうでした。どんな悲観主義者の予想だって、あの日の現実ほどには悲惨じゃなかった」

榊原は、打ちのめされていた。できることならば、すぐにでも家に帰ってベッドにもぐり込みたい気分だった。頭から布団をかぶり、何もなかったことにしたかった。

だが、それは許されない贅沢だった。

「翌日の朝までに、東京ドームを元の状態に戻さなきゃいけなかったんです。リングを撤去したり、椅子を片づけたり」

会場そばのホテルでは、フェアウェルパーティが行われることになっていた。主催者、選手、ファン――PRIDE・1というイベントに関わり、支えた人たちが互いに労をねぎらい、会話と酒を楽しむための席である。

榊原信行はその主催者の一人だった。しかし、華やかな宴席が始まろうとしていた時、榊原は重い足を引きずりながら、彼を慕って名古屋から駆けつけてくれた同志たちとともに椅子を運んでいた。

いったい、すべてが終わるまでにどれだけの数の椅子を運ばなければならないのか。想像しただけで、気が遠くなりそうだった。

罵詈雑言の暴風雨に打たれながら、髙田は花道を抜け、控室へとたどりついた。

「確か、そのまま風呂に入ったのかな。東京ドームって結構大きな風呂場があるのよ。そこで誰だったか、大きな外国人選手たちと一緒だった気がする」

涙は、なかったという。

「泣いてる場合じゃないもん。涙なんか出なかった。一滴も出ませんでした。アホでしょう、あんな試合をやっておいて涙なんか流したら。あの時のわたしには、涙を流す資格がなかった。戦う者として、失格だったから」

その場にいた関係者、記者の中には、髙田の目が真っ赤に染まっていたと記憶していた者もいる。だが、少なくとも髙田本人の記憶においては、自分と涙を結びつけるものがない。

「チケットを買って観に来てくれた人には申し訳ないし、本当は当事者たる自分がこんなこと言っちゃいけないのかもしれない。でも……予想通りだったんだよね。戦いに行って、力及ばず負けたんだったら、同じ内容、同じ結果だったとしても、悔しさだったり怒りだったり無念の思いだったり、いろんな熱い感情が込み上げてきたかもしれない。もっとできたのに、とか、なんであんなことをやっちゃったんだろうって、頭を掻きむしりたくなっていたかもしれない。だけど、死刑執行を覚悟して、死刑台に上がっちゃった人間に、熱いものが込み上げてくると思う?」

仮に髙田の目が濡れていたとしても、それは感情を伴った涙ではなかった。絞首台に吊るされた人間に起こるのと同じ、単なる生理現象に過ぎなかった。

つまり、失禁だった。涙腺からの。

ヒクソンとの戦いが髙田の命を奪うことはなかった。極められた右ヒジは鈍い痛みを訴えていたが、もっと酷い痛みを抱えて会場をあとにしたこともある。試合には負けたが、彼は依然として生きていた。

外見上は。

ほとんどの人が、気づいていなかった。風呂から上がり、こざっぱりとした私服に着替え、サバサバした様子で控室をあとにしようとした髙田の内面に起きていたことを。

気づいたのは、一人だけだった。

かつて自分に起きたことが、いま、髙田延彦に起きようとしている。

安生洋二はそう思った。

道場破りが返り討ちにあったあの日、格闘家としての彼は死んだ。どれほど明るく、何事もなかったかのように振る舞っていても、二度と脈打たず、二度と温かくはなってくれない部分が、あの日、できてしまった。

髙田延彦が控室を出た。通路の先では、大勢の報道陣が彼のコメントをとるべく待ち構えている。中には、はっきりとわかるほど殺気だった記者もいる。プロレスを愛する者にとって、髙田がやったのは断じて許し難い愚行だった。

以前から引退をほのめかしていた髙田。ヒクソンに惨敗したことで、ロサンゼルスでの自分と同じような状態に陥ってしまっている髙田。そんな髙田と、彼を断罪しようとする記者がぶつかり合ったら――。

すべてが終わってしまうかもしれない。

安生は髙田のもとに歩み寄った。そして、耳元で囁いた。

「ああ、そんなことを言ったかなあ。何でだろう、髙田さんから空気が出てたっていうのもあるし……。でも、一番大きかったのは、ぼくはやられたことで終わっちゃったけど、髙田さんにはそうなってほしくない、ならないでくださいっていう思いだったのかな」

安生の言葉を聞いた髙田は、静かに頷いた。自分の言葉が胸の奥に届いたがための頷きだったのか、それとも放心状態の人間が機械的に頷いただけだったのか――。

安生洋二にはわからなかった。

控室を出た髙田延彦の内面に、言葉はなかった。東京ドームという名の死刑台は、情熱や希望、さらにはボキャブラリーといったものまで根絶やしにしていた。

彼は、恐ろしいほどに空虚だった。

「通路の先に記者が待ってるのは見えた。その時だったかな、安生が肩をガッと抱いてきて、言ったのよ」

高田さん、終わりって言わないでください。これが始まりだって言ってください。

「いまから思えばさ、あれって安生が俺の中に放り込んでくれた魂の言葉、生命の言葉だったよね。あれがなかったら……たぶん、言っちゃってたはずだから。空っぽで熱のない、脱け殻みたいな言葉をさ」

囁いてきたのが安生でなかったら、言葉は髙田の耳を右から左へ素通りしていたかもしれない。

だが、囁いてきたのは安生だった。ヒクソン・グレイシーに負けることで自分の何かが死んでしまう経験をしてきた、腹心の盟友だった。

「冷静に考えれば、あの内容、あの結果であああいうことを言うのって、だいぶ無理があるでしょ？　わたしだって、言ってきたのが安生じゃなかったら、は？　何言ってんのお前、バカじゃねえの、そんなこと言えるわけねえだろってことになってたと思う。なのに、自分でも信じられないぐらい素直に、彼の言葉が染みちゃったんだよね」

待ち構える記者の前で、高田は立ち止まった。

そして、口を開いた。

「えー、あまり何も言うことないんですけど、今日の結果は、見ての通りです。えー、ですけれど、今日が終わりだと思わないでください。自分にとっては、これがスタートです。スタートというより、第一歩です。今日はこのへんで、失礼します」

ほんの数秒間のうちに、空虚だった高田の心は安生の言葉を咀嚼していた。耳元で囁かれた「始まり」という言葉はまず「スタート」に変換され、すぐさま、より高田がふさわしいと考えた「第一歩」へとアジャストされた。

高田を救うために投げられた安生の言葉が、早くも根を張り、脈動を始めていた。

かすかな笑みすら浮かべ、高田延彦は東京ドームをあとにした。


片づけても、片づけても、片づけは終わりそうもなかった。

足だけでなく、もはや腕までも鉛のように重い。

それでも、契約上、明日の朝までには原状回復しておかなければならない。

一度ついてしまったら永遠に漏れ続けそうなため息を押し殺し、榊原信行は椅子を運んだ。

タシケントで行われていたウズベキスタン対日本の一戦が1対1の引き分けに終わったことを、もちろん、彼は知らなかった。

最終章　神の見えざる手

試合翌日、高田対ヒクソン戦を1面で伝えたスポーツ紙は皆無だった。

〈日刊スポーツ　1面〉
『日本ドロー　情けねえ　どさくさゴールやっと同点　ガチガチイレブン　4戦連続白星なし』
〈同9面〉
『高田惨敗　ヒクソンに1Rもたず　「これが第一歩」引退を否定』
〈スポーツニッポン　1面〉
『残り1分呂比須ラッキーゴール　ウズベキとドロー　自力2位消滅　でも首の皮一枚残った』

〔同7面〕
『髙田屈辱5分持たず　シャワー室で号泣　ヒクソン最強証明　これが400戦無敗神話　恐るべしグレイシー柔術』

〔サンケイスポーツ　1面〕
『サッカー日本首の皮一枚残った　幸運ドロー奇跡への序曲』
〔同25面〕
『髙田無残287秒敗　PRIDEズタズタ…ヒクソンに手も足も出ず　引退はきっぱり否定』

〔スポーツ報知　1面〕
『W杯絶望的日本サッカー　岡田監督続投　自力2位消滅』
〔同28面〕
『髙田惨敗　わずか4分47秒　パンチ19発ヒクソン　あまりにも大きい実力差』

〔東京中日スポーツ　1面〕

『鈴鹿波瀾!!　ビルヌーブ失格騒動　週明けＦＩＡの裁定待ち』
〔同５面〕
『髙田夢散…ヒクソンに完敗　第１Ｒ４分47秒腕ひしぎ逆十字』

〔デイリースポーツ　１面〕
『岡田監督悔し!!　日本なんとかドロー　Ｗ杯出場絶望的　また決定力不足　髙田、ヒクソンに完敗』
〔同８面〕
『髙田完敗　世紀の決戦はわずか１Ｒ４分47秒で決着　引退は否定』

主要スポーツ紙６紙のうち、１面がサッカーでなかったのは、モータースポーツに力を入れていた東京中日スポーツただ一紙だった。もちろん、そのトーチュウにしても１面でなかったとはいえ、ワールドカップ予選のことは大々的に取り上げている。そのため、主要６紙の中で最もＰＲＩＤＥ・１の扱いが小さかったのもこの新聞だった。

だが、独自路線を貫いたトーチュウには、ごくごく小さくはあったものの、他紙にはない重要な情報が載っていた。

『主催者のＫＲＳは来春1月14日、横浜アリーナで第2回ＰＲＩＤＥ・1大会を行うと発表した』

すべての片づけが終わった時、夜はとうの昔に明けていた。疲労困憊の極みにあった榊原信行だったが、それでも、スポーツ新聞に目を通さないわけにはいかなかった。自分たちが立ち上げたイベントは、どんな取り上げ方をされるのか。

1面に取り上げている新聞は、一紙もなかった。唯一デイリースポーツだけが『髙田、ヒクソンに完敗』との見出しを1面に打っていたが、それは『日本』や『絶望』といった文字に比べると、悲しくなるぐらい小さなものだった。

改めて無力感を覚えながら榊原は紙面をめくった。その時読んだのがどの新聞だったかは覚えていない。だが、記事を読んだ時の驚きははっきりと覚えている。

「これが終わりじゃない、スタートだ、みたいなことを髙田さんが言ったって書いてある。えっ？　って感じですよ。あの内容で、あの短い時間で、あんな負け方をして、なかなか言えることじゃないでしょ」

何の見せ場もないまま髙田がタップした瞬間、榊原の腹は決まった。彼にとって、ＰＲＩＤＥ・1というイベントを立ち上げたことは大いなる失敗であり、大切なのは、二度と同じ失敗を繰り返さないことだった。

二度と開催しなければ、同じ失敗を繰り返すこともない。

大会にこぎつけるまでにトラブルが頻発したこともあり、髙田とはすっかり疎遠になっていた。それでも、榊原は心のどこかで髙田と通じるものがあると信じ続けていた。

ゆえに、無意識のうちに思い込んでいた。

きっと、髙田さんも同じ気持ちに違いない。

自分は、打ちひしがれている。きっと、髙田さんはもっと打ちひしがれている。

自分は、このイベントをやったことを後悔している。きっと、髙田さんも後悔している。

自分は、二度とこんなことをしない。きっと、髙田さんも。

だが、手に取ったスポーツ新聞の記事は、榊原の無意識の想像がまるで間違っていたことを告げていた。

やっぱり、髙田さんって凄いな。

発言に至るまでの経緯を知らない榊原がそう思ったのは、ごく当然の成り行きだった。

髙田が打ちのめされ、真っ白になり、試合翌日、逃げるようにハワイへ飛んでいたことを、この時の彼は知るよしもない。

そしてもうひとつ、彼が知らなかったことがあった。

東京中日スポーツに載った『主催者のKRSは来春1月14日、横浜アリーナで第2回PRIDE・1大会を行うと発表した』という記事である。愛知県生まれということもあり、中日ドラゴンズには親近感を抱いている榊原だったが、この日のトーチュウを読んだ記憶はない。

「誰がそんなことを言ったんだろう？　トーチュウに載ったってことは、KRSの関係者から出た話かもしれないし、森下さんが言ったのかもしれない。第2回大会……とにかく、ぼくの中にはなかったというか、なくなっていた話でした」

まったく知らなかった、というわけではない。1月14日に横浜アリーナを押さえたのは、他でもない、榊原自身だった。

「髙田さんがヒクソンをやっつけたら、次はホイスを倒してもらおう――そんな流れがあったんですよ。10月11日に第1回大会をやって、第2回大会は1月14日に横浜。PRIDE・2ではなくて、PRIDE・1の第2回大会」

そもそも、髙田対ヒクソン戦を実現させるにあたり、イベントの名前を「PRIDE・1」にしたのは、最終的には榊原の意見だった。

「紆余曲折あったんですよ。一番有力だったのはU－1だったかな。髙田さんといえば

ＵＷＦ、Ｕインターだったし、グレイシー柔術が有名になったのはＵＦＣがきっかけ。なので、Ｕ－１でいこうという声は強かったし、そこにかなり傾きかけたこともあったと思います。ただ、わたしもいくつかのイベントに携わってきてましたから、タイトルにはインパクトや斬新さが必要だって思いがあって」

単に格闘技界の歴史や流れだけを汲むのであれば、なるほど、Ｕ－１はドンピシャリのネーミングだった。だが、門外漢としての側面も持つ榊原からすると、ピンとこないところがあった。

もちろん、否定するからには代案を出さなければならない。

「髙田さんと出会う何年か前に、オートバイのワールド・グランプリを題材にした映画を観たんですが、その印象が強烈だったんです。世界の超一流のレーサーが、コンマ１秒のためにしのぎを削る。命を賭けて」

榊原にとって、髙田対ヒクソン戦は究極の果たし合いだった。お互いのたったひとつの誇りを賭けて戦い、必ずどちらかが勝ち、必ずどちらかが敗れる。そして、敗れた者は、それまでに築き上げてきたものをすべて失う可能性もある。

その映画のタイトルにもあった「プライド」という言葉。

戦う者たちにとって命と等価ともいえる、たったひとつの「誇り」。

考えて、考えて、考え抜いて、絞り出すように生まれたタイトルが「ＰＲＩＤＥ・１」だった。

「反対はありましたし、所詮は素人の発想だと揶揄する声もあちこちから耳に入ってきてました。でも、曲がりなりにもお二人に関わった人間として、これだけは譲れなかった」

Ｕ－１というタイトルを推す者の根底にはなかったものが、榊原にはあった。

情熱である。

何となくＵ－１に傾いていた多数派を、榊原は熱っぽく説き伏せた。多勢に無勢ではあったが、Ｕ－１を推す者たちに確固たる思いがあったわけではない。

大勢は、覆った。

「ぼくの中では、あくまでもナンバーワンのプライドを決定する、というニュアンスがありましたので、ＰＲＩＤＥではなくＰＲＩＤＥ・１でした。なので、２回目の大会をやるのであれば、ＰＲＩＤＥ・１の何とか、というふうにするつもりでした。Ｆ１日本グランプリ、とか、Ｇ－１クライマックス、みたいな感じで」

ただ、仮に第２回大会を開くにしても、第１回大会が大失敗に終わってしまえば話はそこまで、である。

観客動員は思っていたほどではなかった。地上波のテレビ中継はなかった。メインイベントの髙田対ヒクソン戦は、ほぼ見せ場のないままあっさりと終わった。

榊原にとってのＰＲＩＤＥ・１は、大失敗の興行だった。その感触が強かったがゆえに、彼は無意識のうちに第２回大会を消去していたのである。

だが、髙田の考え方は、榊原の想像とは明らかに違っていた。イベント実現のために奔走してきた仲間の中には、はや第２回大会への意欲を隠さない者も現れていた。

二度とやらない、という決意に変わりはなかった。ただ、決意の固さには、微妙な変化が表れていた。

新聞を読み終わり、泥のような眠りに入ろうとしている榊原は、そのことにまだ気づいていなかった。


大失敗ではなかったのかもしれない――。

１日が過ぎ、また１日が過ぎるうち、榊原にとって悪夢でしかなかったＰＲＩＤＥ・１は、違った見え方をするようになってきた。

「もしかしたら、気をつかっていただいただけかもしれない。でも、行く先々で言われたんですよ。よかった、とか、面白かった、とかね。それで、あれ？　思ってたほど失敗じゃなかったのかな？　１００点満点で20点ぐらいだと思ってたけど、もうちょっとよかったのかな？　とか思うようになってきて。ペイ・パー・ビューの売り上げが予想をはるかに上回る数字だったのも大きかったですね」

興行単体で考えるのであれば、ＰＲＩＤＥ・１は赤字だった。ただ、その赤字は榊原が覚悟していたほどではなく、また、大会の模様を収録したＶＨＳの売り上げや、ペイ・パー・ビューの売り上げがすこぶる良かったことで、森下を始めとするパーフェクＴＶ！側からは第2、第３の興行を望む声があがっていた。

やがて、揺らぎ始めた榊原の決意にとって、最後の一撃ともいうべき出来事が起こる。

「前田さんがヒクソンとやる。そんな話が聞こえてきたんですよ」

確証があったわけではない。それでも、十分にありうる話だと榊原は思った。

いまは袂を分かった形になっているが、前田日明は髙田にとっての兄貴分ともいうべき存在である。実際、10月11日の東京ドームに前田本人が姿を現し、両者の戦いを見守っていた。観客がその存在に気づいた時、場内は異様なまでに盛り上がった。

前田が打倒ヒクソンに名乗りをあげれば、髙田の惨敗にショックを受けたメディア、ファンは一斉に飛びつくことが予想される。前田による、弟分の敵討ち。起こりうる熱量の大きさが、榊原には容易に想像がついた。

そして、より大きな舞台を求めて髙田戦にゴーサインを出したヒクソンであれば、前田からの誘いを断る理由は、おそらく、ない。

「髙田さんが踏み台にされる！　まず思ったのはそういうことでした。プロレス界がグレイシー柔術やUFCに見て見ぬふりを決め込んでいる中、髙田さんだけは声をあげ、戦い、そして無残に散った。リスクを背負ったのは髙田さん。傷を負ったのも髙田さん。なのに、そこで実った果実を第三者が持っていくのは、どうにも我慢できなかったんです」

気がつけば、10月11日に固めた決心は跡形もなく吹き飛んでいた。

榊原は、もう二度とかけることはないだろうと思っていた携帯電話の番号を押した。

髙田延彦の電話番号だった。

髙田延彦は、酒に溺れていた。飲まずにはいられなかった。

だが、どれほど深い酔いの世界にのめり込んでも、声は消えなかった。

「ずっと頭の中に残ってるわけですよ。花道を引き上げる時に聞いちゃった罵声が。自分のためのご褒美として準備しといたハワイ旅行も、全然楽しめなかった。帰国してからも、道を歩いていると誰かから指さされそうな気がしてさ。おいおい、あれだけ無様な負け方しといて、平気な顔して歩いてるよって。しばらくの間、暗くなるまでは外に出る気にもなれなかった」

試合後の囲み会見で話した「自分にとっては、これがスタートです」という言葉は、もちろん、嘘ではない。ただ、一体全体何に向かってのスタートなのかということは、髙田自身もわかっていなかった。メディアやファンは引退を否定する言葉と受け止めたが、10月11日が髙田にとって第二の人生のスタート、始まりとなる可能性もあった。

「10月いっぱいは廃人状態だったし、11月に入ってもそれは変わらなかったかな。頭の中では堂々めぐりが続いてる。もうやめよう。でも、続けられるかな。いやいや、どのツラ下げてリングに上がるのよ。そうだよなあ、これからは髙田延彦という男を見るすべての人が、あの日のイメージをダブらせるわけでしょ。やっぱ無理か。でも、もしチャンスがあるんだったら……ってね」

引退か、現役続行か。延々と続いた思考の堂々めぐりは、日を重ねていくうち、少しずつ変質していった。

「やめるかやめないか、じゃなくて、現役を続けるんだったらもう一度ヒクソンとやるしかないなって方向に向かい始めたんだよね。やめるって選択肢は相変わらず残ってるんだけど、続けるんだったらヒクソン一択。いまとなっては自分の鈍感さを笑うしかないよ。あんな試合をやっておいて、ヒクソンとの再戦ありきで現役続行を考えちゃうんだから」

11月17日には、UFCジャパンという団体からオファーが来た。12月21日に横浜アリーナで開催される、日本初となるUFCの大会への出場依頼だった。

高田の心は動かなかった。

「たぶん、マイク・タイソンとやれるって話が来たとしても、ダメだったと思う。どういうわけだか、自分が現役を続行するとしたら、ヒクソンとの再戦が決まった時だけだって頭になってたからね」

だが、その可能性はほとんどないという思いも、高田にはあった。

「プロモーターの立場になってみれば、どう考えたって再戦はない。あの結果と内容を見たら、そもそもオファーを出そうって発想が出てこないだろうし、奇跡的にそういう発想を持ったプロモーターがいたとしても、今度はヒクソンの方に受ける理由がない。彼にとって、髙田延彦との物語はもう完結してるはずだからね」

本人の中では、引退か、ヒクソンかを吟味しているつもりだった。しかし、ふたつの選択肢は対等ではなく、また、正反対でもなかった。

自分の胸三寸ですべてが決まる一方の選択肢とは違い、もう一方の選択肢には髙田のできることがほとんどなかった。

かたや、確率ほぼ2分の1。かたや、宝くじに1億円の当籤を期待するようなもの。では、宝くじに当たらなければ――。

行き着くところは、引退しかない。

彼が悩んでいたのは、自分で選ぶか、まわりが決めるか、の違いでしかなかった。そして、誰よりもそのことを理解していたのが、髙田だった。

ただ、彼の中に簡単に引退には踏み切れない自分がいたのも事実だった。

「やっぱり、あまりにも負け方が情けなさすぎたからね。自分の力がどれほどのものなのか。これまでにやってきたことは正しかったのか。それを確かめたくてヒクソンと戦うことになったのに、何も確認できないまま、何も知ることができないまま終わってしまった。これでいいのか。知りたいことを知らないまま、確認したかったことを確認しないままに引退してしまっていいのかって思いが、間違いなくあったわけですよ」

もちろん、どれほど自分がリマッチを望んだところで、プロモーターが動いてくれなければ、そして何より肝心のヒクソンが興味を持ってくれなければ、待っているのは引退しかない。

だから、奇跡としか思えなかった。

「もう一度ヒクソンとやりたいと思ってる一方で、さすがに自分の口から言い出すわけにはいかないですよ、いくら能天気なわたしでも。だから、誰も知らなかったはずだし、あんな負け方をしたんだから、髙田だってもうやりたくないだろうって想像するのが普通でしょ。なのに、来たんだよね。もう一度やりませんかっていうオファーが」

髙田がつけている日記によれば、それは12月2日の12時40分、東京プリンスホテルでの出来事だった。

切望し、しかし絶望もしていた道。蜘蛛の糸のように細く、しかしそれ1本しかなかった細い道。それが、突如として輝ける光の道になった。

髙田は、自分にできる唯一のことをした。

「やらせてください！」

そう言って頭を下げたのである。

時計の針は午後3時をゆうに回っていた。優雅にランチを楽しむ客で賑わっていたテラスは、すっかり閑散としてしまっている。

ヒクソン・グレイシーは、語り続けた。

話のテーマは、実に多岐にわたった。そこにはデリケートな話題、プライベートな話題も含まれていた。時に淡々と、時に熱っぽく、時に涙を浮かべながら、彼はインタビュアーの問いに答え続けた。

桜庭和志への思いと、対決が実現しなかった本当の理由。若くして命を落とした息子ハクソンの思い出。もう一人の息子クロンとの確執。敏腕マネージャーでもあった妻キムとの別れ――。

彼は、信じられないほどに率直だった。どんな不躾な質問に対しても、不機嫌な表情を浮かべたりすることは一切なかった。

あらかじめ考えておいた聞きたいこと、聞くべきことはすべて聞くことができた。もちろん、なぜ前田日明との戦いは実現しなかったのか、という問いもぶつけることができた。

彼は笑顔で肩をすくめた。

「噂になっていたのは知っていたし、わたしとしても断る理由はなかった。それでも戦いが実現しなかったのは、実に単純なことで、正式なオファーが届かなかったから、ということさ。わたしの目の前に書面で届いたオファーは、榊原さんたちからのもの、高田さんともう一度やりませんかというものだけで、前田さんからは何もなかったんだ」

実兄との経済的なトラブルを経験しているヒクソンは、書面での契約というものに非常にこだわる。一度彼との交渉を経験している榊原はそのことを身に沁みて理解していたが、前田側の人間はどうだったのか。先に動き出したであろう前田陣営とそれを逆転したＰＲＩＤＥ側の差は、まさに紙一枚、だったのかもしれない。

ただ、一度圧勝した相手と再び戦うことに、ヒクソンはリスクも覚えてはいた。

「勝って当然と見られるのはわかっていたし、経験を積んだ髙田さんがより危険な相手になることもわかっていた。戦うべきではない、という声も当然耳には入ってきたよ。ただ、ＰＲＩＤＥ・１に出場したことで、格闘技の世界では有名だったヒクソン・グレイシーという人間は、一般社会でも有名になることができた。格闘技雑誌のインタビューだけでなく、『Ｎｕｍｂｅｒ』のようなスポーツ総合雑誌からも取材を受けるようになった。わたしのプロフェッショナルとしてのクラスは、あの試合によって確実にグレードアップしたんだ。髙田さんと再戦するリスクは感じたけれど、それ以上にもう一度あの舞台で戦えるという喜びの方が大きかった」

榊原たちからのオファーをヒクソンは快諾し、ＰＲＩＤＥ・１からちょうど1年後となる１９９８年10月11日、両者は再び東京ドームで相まみえた。

そして——。

聞きたいこと、聞くべきことは聞き終わっていた。だが、そろそろ感謝の言葉を口にしようとした時、突如として思いついてしまった問いがあった。あまりにも率直なヒクソンの物言いが、インタビュアーの遠慮を取り払ってしまったのかもしれない。

それは、聞かれる側の極端な拒絶反応を引き起こすこともある「ＩＦ」の質問だった。それも、かなり失礼な質問だった。

あなたに勝つために、髙田さんはどうすればよかったのでしょう。それとも、そもそも不可能なことだったのでしょうか？

質問が英訳されるのを待つ間、覚悟したのは沈黙だった。考えたこともなかった問いをぶつけられた時、人は一瞬言葉を失う。たとえば「ヒクソンに勝ったらどうするつもりだったのですか？」と聞かれた髙田が、しばし視線を宙に彷徨《さまよ》わせたように、である。

だが、質問がすべて訳されても、ヒクソンの表情に変化は生まれなかった。何の躊躇も、何の迷いも見られなかった。まるで何万回も聞かれた問いに対して答えるように、彼は言った。

「思うに、勝機というのは一瞬なんだ。その一瞬をつかむために集中をする。だから、もし髙田さんがわたしに勝とうとするならば、その一瞬を見逃さないための訓練をするしかない。訓練とは経験によってもたらされるもので、経験とは日々の鍛練によって生まれるもの。戦いとは肉体を使ったテストのようなもので、自分が動いて、相手が動いてというやりとりをしているうち、必ずどちらかが間違いを起こす。当然、間違いを起こす可能性が高いのは経験値の少ない側だ」

確かに、ヒクソンとの再戦に臨んだ髙田延彦は、初対戦時とは別人のように逞しくなっていた。一度ヒクソンと戦った経験、ビバリーヒルズ柔術クラブへの過酷な出稽古、〝路上の王〟と呼ばれたマルコ・ファスとスパーリングを積んだ経験。様々な経験が、髙田を変えていたのである。

「肌を合わせてみて、いろんな経験を積んできたんだろうなということはすぐにわかった。何が何でも勝つんだという意志が十分に伝わってきたし、全体的により強い選手になったなと感じていたよ」

たった1年で、髙田は別人のように強くなっていた。だが、髙田が1年間かけてやってきたことは、ヒクソンからすればローティーンの頃からやってきたことでもあった。

「鍛練を続けるためには、それなりの覚悟が必要になってくる。それこそ、人生のすべてを捧げるぐらいのね。だから、髙田さんがわたしに勝とうとするのであれば、わたし以上の覚悟、わたしが捧げた以上のものが必要だったんだと思う。それがあれば、きっと、負けていたのはわたしの方だった」

1年前よりは明らかに強くなっていた髙田を、しかし、ヒクソンは1年前と同じ腕ひしぎ十字固めで葬った。

腕ひしぎ十字固めを誘発したのは、髙田が起こしたあるアクションだった。安生洋二が対ヒクソンの秘策として温めていた技が、髙田にとっての命取りとなった。

六分過ぎ、髙田は強引な下手投げでヒクソンを倒すと、そのままガード・ポジションの体勢をとった。かつてヒクソンと戦った日本人ファイターが一度たりともとることのできなかった体勢である。超満員の場内から『タカダ！　タカダ！』のコールが沸き上がる。ヒクソンの息づかいはいよいよ荒くなってきている。すぐに勝負をつけるつもりはなかった髙田だが、一年前は見ることさえできなかった勝利の女神の後ろ髪が、手を伸ばせば届きそうなところでなびいているのは感じていた。

油断が、生じた。

「寝かしたまま止まってればよかったんです。時間を稼ぐために寝かせたわけですから。なのに、ぼくの脇の下に足があったんで、ついそれを取ってしまった。なにも考えてないのに、身体がアキレス腱固めを取りにいってしまった」

理性がかけようとしたブレーキは、本能の決断を止めることができなかった。髙田がすぐそばにある相手の右足を固めようとした次の瞬間、両足を強く突っ張らせたヒクソンは、ちょうどシーソーの要領で体勢を逆転させていた。

（『泣き虫』より）

1年前よりも縮まっていた実力差は、格闘家としての髙田の才能の非凡さを物語るものであり、1年前と同じ結末は、それでも両者の間に埋め難い実力差があることの証明でもあった。

髙田延彦がヒクソン・グレイシーに勝てる自分を想像できなかった一方で、ヒクソン・グレイシーは髙田延彦が自分に勝つためにはどうするべきなのかというところまで考えていた。そう受け取るしかないぐらい、彼の口調は滑らかで淀みがなかった。

実は、前取材の段階ではヒクソンについての悪評も耳に入っていた。中でも一番多かったのは、こうした類のものだった。

「侍だ、武士道だという割には細かいルールにうるさい。本当に強いのならば、どんなルールだって受けて立つはずだ」

確かに、ルール会議での神経質なまでの指摘には、髙田も、それから榊原も、いささか閉口させられたところはあったという。

だが、2日間で計7時間を超えたインタビューを終えた時、ふと思ったことがあった。

宮本武蔵は、スポーツマンライクに戦ったのだろうか。

素人の放った一発の銃弾が、優秀な警官の命を奪うこともある。戦いに臨むにあたり、ヒクソン・グレイシーは自分が敗れることも含めて、あらゆる可能性を吟味していた。強さが、必ずしも勝利を約束するものではないことを理解していたからである。

それでも、柔術の優位性、最強性をうたう立場にある以上、負けるわけにはいかない。彼にとって、敗北は命を落とすことに等しかった。つまり、己の死をも意識しながら、彼は戦いに臨んでいた。

ならば、ルールにこだわらないわけがない。ルールなき戦いならばいざ知らず、ルールのある戦いであるならば、徹底して自分にとって有利なルール、自分が命を落とす可能性の低いルールを要求するのは当然のことだった。相手を利する可能性は、徹底的につぶしておかなければならなかった。

宮本武蔵は、佐々木小次郎との決闘を優位に進めるために策を弄さなかっただろうか。

高田延彦が目指していたのは、キング・オブ・スポーツの地位だった。

ヒクソン・グレイシーにとって、戦いとは命を賭した果たし合いだった。

一人の男は誇りを賭け、一人の男は命を賭けた。

日本人が負け、ブラジル人が勝った。より大切なものを賭けた者が勝った。

それがPRIDE・1の真実だった。


格闘技、プロレスに熱中するあまり、医大を中退し、マスコミの世界に飛び込んだ男がいる。

後に「初代」と呼ばれるタイガーマスクに憧れ、新日本プロレスを愛し、UWFを愛し、Uインターを愛した彼は、1990年代半ばから取材・執筆活動を行い、尋常ならざる強者たちやその周辺に巣食う妖怪たちの喜怒哀楽を数多く間近で目撃する機会を得た。PRIDE・1が行われた際も、もちろん現場で取材をしていた。

そんな彼が、本書が企画されるにあたり、格闘技やプロレスに対する知識、見識の乏しい筆者のために、様々な資料の提供や取材の調整、さらには知恵袋兼助言役を買って出てくれた。インタビューの際には時間の許す限り立ち会い、経験豊富な人間でなければできない質問をぶつけてくれた。彼の助けがなければ、この本の完成はありえなかった。

その事実に彼が気づいたのは、10年ほど前のことだったという。資料を調べていた彼の目は、ある日付に釘づけとなった。

鳥肌が立った。

神の見えざる手が、見えた気がした。

髙田について。ヒクソンについて。ＰＲＩＤＥについて――彼が長年自問してきたすべての「なぜ」に対する答えが見つかったような気がしたという。

初めて髙田延彦と榊原信行が出会ったのは、１９９６年6月26日だった。

だから、だったのか――。

本書の取材方針などを話し合うミーティングが開催されることになっていたある日。六本木にある榊原のオフィスに顔を揃えた関係者は、その席で、大谷〝Ｓｈｏｗ〟泰顕から驚くべき偶然の一致を知らされることになった。

髙田延彦と榊原信行が初めて出会った日。

それはアントニオ猪木とモハメド・アリが戦ってから、ちょうど20年後だったのである。

あとがき

まさか、こんなことになろうとはなあ。

だってあの日、1997年10月11日、わたしは日本にいなかったのである。どこにいたのかといえばウズベキスタンはタシケントで、初のワールドカップ出場を目指す日本代表を追いかけていた。

あの日、何があったのか。もちろん覚えていることはいくつかある。

中田英寿がスタメンから外れたこと。試合がえらいこっちゃしょっぱい内容で、終了直前、幸運というか、マイアミでブラジル代表GKジダがやらかしたやつの再現というか、まあ常識的にはちょっとありえないようなゴールで同点に追いついたこと。

試合後、本来であれば報道陣が立入禁止の区域（確か、ロッカールームの出入口だった）に中田から呼び寄せられ、記者団の「なんだ、あいつは？」という冷たい視線を浴びつつ、予選終了後の身の振り方について相談を受けたこと。

まさかあの時、20年後の自分が同じ日に行われていた格闘技のイベントについて単行本を書くことになるなんて、それも完全書き下ろしをすることになるなんて、夢にも思わなかった。あの頃のわたしは、阪神の勝ち負けがまったく気にならないほど日本代表にのめり込んでいたし、書き下ろしなんて大層なものが自分にできるとも思っていなかった。

カザフスタン、ウズベキスタンへの遠征に出発する直前に発売されたわたしにとって最初の単行本『28年目のハーフタイム』は、ぶっちゃけ、雑誌に書いた記事をできる限り水増ししようという魂胆から生まれたものだったし、そのポリシーは次作『決戦前夜』にもしっかりと受け継がれていた。

ちなみに、『28年目のハーフタイム』の初版は3000部で、出版事情に詳しい方によれば、これはほぼ間違いなく初版絶版で終わってしまう部数だという（Ｎｕｍｂｅｒ編集部の面々が憤慨してくれてたもんなあ）。

確かに、発売当日、新宿高島屋の本屋さんに張り込み、誰が買ってくれるんだろう、てか、誰か買ってくれるんだろうか、と期待と不安がごちゃまぜになった気持ちで4時間待ったが、手に取ってくれたのは中年の男性ただ一人だった記憶がある。

ともあれ、あの頃のわたしはサッカー以外のジャンルに何の興味も関心も持っておらず、自分に書ける原稿量のマックスは原稿用紙にして50枚程度で、完全書き下ろしなんて自分がいまからサッカー日本代表に抜擢されるぐらいありえないことだとも思っていた。

いやあ、人生、わからんもんです。

日本が初めてのワールドカップ出場を果たしたおかげで、その立役者の一人だった中田英寿がメディアに対してほぼ完全黙秘を貫いたおかげで、なぜか彼の言葉を聞ける立場にあったわたしの本は、出版のプロの予想を完全に裏切り、売れに売れた。そうそう、もう一人の若きスター、川口能活が腹を割って話をしてくれたのも大きかった。

前年度の年収が90万円、皮膚感覚としてケンタッキーフライドチキンはセレブの食いもんだと感じていた極貧スポーツライターは、一千数百万円の現金を抱えてジャガー屋さんに乗り込み（それもふんぞりかえって）、「このXK8っていうオープンカーくださ い。色はブリティッシュ・レーシング・グリーンで」とかのたまってしまうほどの成金におなりになられたのであります。感じ悪かっただろうなあ、あの頃のわたし。

西原理恵子さんによれば、お金はさびしがりやさん。お友達がたくさんいるところに集まりたがる——とのことだが、思うに、フリーでやってるライターの仕事も一緒。

書いてる文章のレベルや内容は売れてない頃とほぼ変わっていないはずなのに、単行本が売れた途端、びっくりするぐらいの勢いで新規の仕事が舞い込んで来る。「お書きいただけるなら原稿用紙1枚4万円で」などと、目の玉が飛び出しそうな条件を持ってきてくれた出版社もあった。ま、バブルですな。

ともあれ、仕事がまったくない時代を経験していたわたしは、いただける仕事は片っ端から受けることにした。こんな状況、いつまでも続くはずがない。たぶん、これは宝くじみたいなもん。そうも思っていた。で、受けて、受けて、受けまくっているうちに、ある日、とんでもない大物からの取材依頼が飛び込んできた。

髙田延彦さんが、自伝を書いてくれという。

詳しい顚末は『泣き虫』のあとがきに書いたので省くが、こんな有名人からの依頼が来るなんてっていう喜びと、でも書き下ろしかよっていう暗澹たる気持ちが相半ばした髙田さんとの初対面だった。

何しろ、この時点で完全書き下ろしの経験、ゼロだったわけですから。

担当編集者は軽～く言ってくれました。カネコさんだったら大丈夫ですよ。1章ごとに雑誌で書いてるつもりでやればいいだけの話じゃないですか。

イ、ホ、デ、プータ！　書き始めてからいったい何度、編集者に対してスペイン語における最悪の罵倒語をぶつけたことか（ただし心の中で）。

初めての書き下ろし、地獄でした。雑誌のつもりで書く？　とんでもない！　「えっと、今回の仕事は原稿用紙30枚で、いま12枚目ぐらいまできたからあと18枚か」な感じで仕事をしてきた人間からすると、終わりの見えない書き下ろしの仕事は悪夢でしかなかった。安生さん風に言うとこんな感じ。

「マラソンはねえ、ゴールが決まってるから走れるんすよ。どこがゴールかわからない、いつ終わるかもわからない、そんな状況で走り続けられると思いますか!?」

ええ、走れませんとも。走りたくもありませんしね。でもね、髙田さんが待ってるわけですよ。走らなきゃ仕方がないわけですよ。

正直なところ、『泣き虫』を書いていた時期の記憶、わたくしスッポリと抜け落ちております。覚えているのは、毎日が恐ろしく憂鬱だったことと、酒を飲むたびに激しく乱れてしまったこと。

取材が終わる。髙田さんと一緒に飲みに行く。ベロンベロンになって歩けなくなる。おんぶしてくれた髙田さんの首筋に〝お好み焼き〟をブワーッ。完全な酩酊状態で自宅に戻る。何を思ったか、玄関で靴に向かって大放尿。ヨメ、激怒を通り越して〝無〟の境地に。かと思えば別の仕事で出かけた熊本で、居酒屋さんのトイレに3時間以上立てこもり……。

というわけで、脱稿した瞬間の気持ちは、１９９７年10月11日21時半現在の榊原さんと、ほぼ同じだった気がする。

もうやんない。二度と。絶対。

だから、『泣き虫』が出版され、髙田さんからこう言われた時も決意は変わらなかった。微塵も揺らがなかった。

「今度はさあ、俺とバラちゃんの出会いの物語書いてよ。これがまた、面白い話がいっぱいあるんだ」

学生時代、メキシコ・ワールドカップに行ったりホンダ・インテグラＧＳ・ｉを買ったりする資金のほとんどを、客商売によって捻出していたわたしである。満面の笑みを浮かべて応対しつつ、でも、心の中では嘯いていた。

誰がやるか。

初めての単行本を出版した時もそうだったし、この時もそうだった。人間全般なのかわたし個人に限ったことなのか。とにかく、決意だとか決心だとか、まったくアテになりません。てか、先のことはまったくわかりません。

まさか、ＰＲＩＤＥがなくなる日が来るなんて。まさか、榊原さんと一緒に沖縄でサッカーチームの運営に携わる日が来るなんて。まさか、２００２年当時はほぼ敵対関係にあったと言っていいフィリップ・トルシエを口説きに行くことになるなんて。まさか、ヒクソンが「もう一度格闘技をやってくれ」と榊原さんのもとを訪ねてくるなんて。まさか本当に髙田さんと榊原さんたちの物語を書くことになるなんて。

それも書き下ろしで。

打ち合わせの段階では、この本、ＰＲＩＤＥの誕生から消滅までを描くことになっていた。わたしの中での主役はあくまでも榊原さん。あとは、失礼ながらおまけというか、榊原さんの言葉を肉付けするための存在として髙田さんやヒクソンらファイターにも話を聞こうというのが、取材を始めた段階での構想だった。

取材は順調だった。自分と比べてみると愕然としてしまうのだが、榊原信行というヒト、びっくりするほどに記憶力がいい。

１９９７年10月11日、わたしはタシケントのどんなホテルに泊まったかまるで覚えていないし、何を食べたか、天気はどうだったか、試合の後はどうやって日本に帰ったのかまで、きれいさっぱり忘れてしまっている。

ところが、榊原さんの口から出てくる20年前の記憶は、聞いているこちらがはっきりと情景を思い描けるほどに鮮明だった。こちらとしてはサラリと流すつもりだったエピソードが、ひとつひとつ、はっきりと脈打っていた。

取材は抜群に面白かった。なぜＰＲＩＤＥは消滅することになったのか。ＵＦＣとの交渉と売却……聞いていてゾクゾクするような話ばかりだった。ただ、榊原さんへの取材が進むにつれ、そしてそこに髙田さんへの取材が入ってきたことで、わたしは途方に暮れた。

これ、ネタが濃すぎてまとまらんぞ。

ありがたいことにというか、困ったことにというか、榊原さんに負けないぐらい、髙田さんの記憶も鮮明だった。しかも、実際にリングに上がったファイターの言葉は、あまりにもリアルで、あまりにも重たくて、あまりにも特別だった。こらいかん。主役は二人にしよう。バラさんと髙田さん。そう方針を切り換えたのが、確か今年４月ぐらいの話。

と、そこに飛び込んできたのが、ダメもとでお願いしていたヒクソン・グレイシー御大からの取材ＯＫとのお返事。それも、これはもう完全に無理だろうなと思って提示していた「インタビューは２日間に分けて。１回あたり３時間ぐらい」との条件もあっさりのまれてしまった。

でもって、いざロスに飛んでお会いしてみると、正直なところ、髙田さんや榊原さんから聞いた話が全面的に吹っ飛んでしまうぐらい、強烈なエピソードがワラワラと出てきたわけで。ある日突然弟が出現したとか、お母さんがお母さんじゃなかったとか、たぶん、インタビューの様子を撮影でもしていたら、まるでマンガの登場人物のように口ポカになってるスポーツライターの表情が映し出されていたはず。

「キミには子供がいる？」

「はい、います、一人」

「自分を犠牲にしてでも幸せにしようと思っている？」

「もちろん！」

「わたしは、それが間違いだと思うんだ」

「は？」

「自分が20%しか幸せじゃない父親が、子供に100%の幸せを与えられると思うかい？　もし本当にそうしたいなら、まず自分が100%幸せにならないと」

なるほど、これが渡辺孝真さんが言うところの「目からウロコな答え」ってやつですか。そう感心していると、ヒクソン先生ったら、こう続けるわけです。

「ある日の朝、目が覚めた時にわたしは思ったんだ。いま、自分は幸せじゃないってね。

それで、すぐ妻に告げたのさ。そういうわけだから、離婚してくれって」

おーい!! お父様も伯父様も相当にワイルドな方だったようですが、ヒクソン先生、あなたもだいぶワイルドです。でもって、公私にわたって自分を支え続けてくれたキム夫人に三行半を突きつけた400戦無敗のオトコは、即座にうら若いモデルの女性のもとに走ったそうなのです。

「もちろん、自分がひどいことをしてるっていうのはわかっていたさ。だから、その時点でわたしが持っていた資産のすべてはキムに渡したよ。わたしは新しく稼ぐことができるけれど、彼女は難しいだろうからね」

資産全部って、いったいいくら差し出したんだよ! えー、フェミニストな方からはハードなお叱りを受けるかもしれませんが、この話を聞いた時にまず頭に浮かんできたのは、いまや高田さんといえばコレ、になっているあのセリフだった。

お前、男の中の男だよ。

とにかく、合計7時間あまり、それもこちらが「ありがとうございました」と切り出さなければまだまだ延々と話を続けてくれそうだったヒクソンに、わたしは完全かつ全面的に魅了されてしまった。これまでの人生、それなりに著名な方、カリスマと呼ばれる方にお会いしてきたが、ここまでノックアウトされたのは生まれて初めて、ってぐらいに。

かくして混迷はいよいよ深まったわけで。

「だったらいっそのこと上下巻とか、3巻、4巻ぐらいになるつもりで書いたらいいじゃないですか。あるいはヒクソンだけで1冊本書いちゃうとか。ハハハ」

帰国後、本格的に途方に暮れたわたしを笑顔で励ましてくれたのは、1997年10月11日、東京ドームの椅子を明け方まで片づけていたスタッフの一人で、いまも榊原さんの右腕として活躍している笹原圭一さんだった。

ちなみにこのヒト、ヒクソンと〝雀鬼〟桜井章一さんを引き合わせた立役者でもあるのだが、「ハハハ」と明るく励まされた瞬間のわたしの心情はといえば、ロスの道場に安生さんを迎え入れた際の道場生のそれに共通する部分もないわけではなかったような。

ま、軽めの憎悪っていうかね。

ただ、「ふざけんな、そんなことできるわけねーだろうが」と憤慨しつつ、ひょっとしたら、もうそれしか手はないかな、と思案したのも事実。食材はあるのに使い方が決まらないというか、何料理にするかが未定というか、振り返ってみれば、執筆に取りかかる7月中旬ぐらいまでが、今回の仕事の一番しんどい時期だったかなと。

結局のところ、道を決めてくれたのは酒だった。普段から仕事で悩んだ時などに相談に乗ってもらっているTさんとホッピーをガブ飲みしているうち、「だったら、いっそのことPRIDE・1だけにフォーカスしちゃえば？」ってことになったのだ。

「確かにそっちの方がすっきりするかもしんないっすね。榊原さんがUFCに売却を決めたあたりのシビアな話とか、まったく触れられなくなっちゃうのは惜しいですけど」

Tさんが同意してくれたことで、道は決まった。

あとは、ゴールの見えない旅に乗り出すだけだった。

日記帳がわりに使っているフェイスブックによると、最初の一行目を書いたのは2017年7月18日火曜日だったということになっている。

ひとたび書き下ろしの仕事が始まってしまえば、わたしの場合、ストレスに満ちた毎日になってしまうのが常なので、その前日、「これで飲み会ともしばしの別れ」とばかりに息子の幼稚園のパパ・ママたちと真っ昼間からデロンデロンになるまで飲みまくってしまった。

で、帰宅途中に息子を抱っこしたまま転倒。その時は「イテテ」ぐらいだったのだが、翌朝起きてみると左手中指の様子がおかしい。どれほど、あるいはどんな具合におかしかったのかというと、このあとがきを書いている2017年11月上旬現在、いまだに痛いし真っ直ぐにならないぐらいにおかしかった（助けていただいた、りょーすけ君パパ、ありがとうございました）。

わたしは、またしても途方に暮れた。もういい加減〝途方暮れ慣れ〟していてもいいんじゃないか、と思われる方がいるかもしれないが、書き下ろしというのはわたしにとって最も憂鬱な作業なのである。

懸命に気持ちを奮い立たせ、さあ今日から書き始めるぞと誓った初っ端に指骨折（怖くて医者には行っていないのだが、ま、折れてるでしょう。なぜ行かなかったかというと、「骨折です」と診断されてしまうと、それを言い訳にして書かなくなってしまいそうだったもんで）。なんか、これから始まる仕事の前途多難ぶりを予告されたようで、心底凹んだ。

ところが、ここからは意外な「まさか」が待っていた。

原稿がバンバン進んだのである。

女子パラリンピアン中西麻耶の半生を描いた前作『ラスト・ワン』は、タイトルがそのものズバリというか、最後の一行に大きな意味を持たせた、つまりは書き出しの段階から最後の一行が決まっていた作品だった。なので、それまでにやった書き下ろしに比べればずいぶんと執筆はラクだったのだが、それでも、11万字程度を書き上げるのに3カ月はかかった記憶がある。

だが、本作の進み具合はレベルが違った。『ラスト・ワン』が在来線だとしたら、こちらは新幹線だった。とにかく止まらないし、脇に逸れない。キーボードを叩くたびに左手中指には鋭い痛みが走るのに、書いている人間にストレスがまったくない。進捗のスピードが山手線レベルだった『泣き虫』の際は、深夜に6時間以上も仕事部屋にこもり、タバコ3箱ぐらいをカラにしながらパソコンとにらめっこしたものだが、今回の仕事時間はせいぜい、マックスでも1日3時間程度だったと思う。

真っ昼間、リビングのテーブルに古い富士通のラップトップと資料を並べて。

何より驚いたのは、章が進み、終わりが見えてくれにつれ、「終わりたくない。このまま書き続けていたい」といった、人生このかた一度も味わったことのない感覚が込み上げてきたことだった。

我ながら信じられない気もするが、あれほど書き下ろし嫌いだった人間が、今回はどうやら大いに仕事を楽しんだらしいのである。あまりに快調に執筆が進んだので、途中からは飲み会を全面的に解禁したが、乱れたり悪酔いしたりすることは一度もなかった。ま、完全にストレスフリーだったということなんでしょう。

なので、書き始めから2カ月かからずに最後の一行を書き終えた瞬間は、いつもながらの解放感だけでなく、喪失感というか惜別の情というか、「うわ、終わっちゃったよ」な感じが確かにあった。

実は、前作の『ラスト・ワン』というタイトルには、もう一つ、「これが自分にとって最後の単行本になるんだろうな」との思いも込めてあった。たぶん、こんなにスラスラと書けちゃう題材に出会うことはもうないだろうし、単行本ってしんどい割には儲かんないし。

つくづく、決意とか決心ってアテにならないもんですな。特に、わたしの場合は。

このあとがきを書いている時点で、わたくし、すでに次の単行本の仕事に取りかかっております。その次と、そのまた次の企画も、頭の中では形になり始めてます。

なんかもう、ライターズ・ハイな感じ。

まさか、こんなことになろうとはなあ。

安生洋二さんと鈴木健さん。正直、当初の構想にはまったく入っていなかったお二人だった。いや、一応お話をうかがいに行くつもりではあったのだが、骨格というよりは肉付けのための取材というか、ひょっとしたら話をうかがうだけうかがって、原稿には名前が出ないこともありえるな、とか思いながら用賀に向かったものだった。あの時点で、わたしにとっての主役は、あくまでも髙田さんでありヒクソン先生、それに榊原さんだったもので。

まさか、こんなことになろうとはなあ。

榊原さんと髙田さんの出会いがなければ、総合格闘技のいまはまるで違うものになっていたっていうのは、書く前から、取材をする前からわかっていたつもりだった。もちろん、ヒクソン・グレイシーという男の存在の大きさも。

でも、鈴木さんがいなかったら。安生さんがいなかったら。特に、1997年10月11日、髙田さんの耳元で囁いた安生さんの一言がなかったら——。

というわけで今回は強烈に思い知らされました。ノンフィクションに、現実の世界に、脇役なんかいないんだな、と。恥ずかしながら、半世紀以上生きてきて、初めてそのことに気づきました。

市屋苑では、たぶん一生忘れないであろう経験もした。

道場破りをするにあたって、安生さんが対ヒクソン用の秘策として用意していた「足関」。ただ、「あしかん」という言葉の響きから、まるで必殺技感を嗅ぎ取ることができなかったわたしは、ガンガン摂取していた獺祭の勢いもあり、つい言ってしまったのだ。

「あしかんって痛いんすか？」

これまた快調に出来上がりつつあった鈴木さんはニヤリと笑って「やってみる？」。「危ないからやめた方がいいですよ」という〝Ｓｈｏｗ〟大谷泰顕さんの制止を振り切り、「ぜひ！」と答える酔っぱらい。

白状すれば、わたしが想像していた痛みのレベルは、小学生時代に散々遊びでやった４の字固めか、高校時代に熱狂した長州力の必殺技「さそり固め」ぐらいのものだった（そういや、藤波とか髙田とか、男前のレスラーは嫌いだったんです、わたし）。シロート同士が遊びでやってる限り、これらの必殺技、痛いけれど耐えられないほどじゃない。

「よっこらせ」と鈴木さんが客席のベンチシートでわたしの足首を抱えた。

次の瞬間――。

脳髄に高圧電流が直撃した、とでも表現すればいいのだろうか。サッカーの試合で左膝後十字靭帯を全断した時に味わって以来の激痛が全身を貫いた。

声が、出なかった。

あとで聞いたところによると、閉店後、ヤッタラン副長はキャプテン鈴木を叱責したそうである。

「ダメっすよ、健さん、あれ、靭帯切れましたって」

「そう、ちょっとヤバかった？」

幸いなことに、我が右膝靭帯は無事だった。ただ、無傷だったわけではなくて、それから1カ月近く、膝関節はグラグラしっぱなしで、階段の上り下りにはだいぶ神経を使わなくてはならなくなった。

ま、鈴木さんにはその後お店にお邪魔するたび、たっぷりと獺祭をご馳走になったし、何より、これを食らったらヒクソンだってひとたまりもなかったよな、と〝必殺技度〟を文字通り体感できたことで、ちょっとだけではあるけれど、死地に乗り込むにあたっての安生さんの「背骨」みたいなものを想像することができた。痛かったけれど、わたしにとっては得難い、そして忘れ難い鈴木健さんのヒールホールドだった。

「今年の10月11日で、髙田さんとヒクソンがやってからちょうど20年になるんです。あの時何があったのか、記録として残すためにも、ちゃんと取材して書いてもらえませんか？」

榊原さんからそう言われたのは、２０１７年の1月26日である。

なぜはっきり覚えているかといえば、この日はわたしの51回目となる誕生日で、「お祝いのランチでも」と、榊原さんがセットしてくださった六本木のステーキ屋さんで、肉汁たっぷりのハンバーガーにかぶりついている時のことだったからである。

異存などあろうはずがない。「自伝を書いてくれ」と言ってきた時の髙田さんとは完全な初対面だったけれど、榊原さんとはかれこれ10年以上の付き合いで、FC琉球時代は毎週のように那覇や各地方で酒席をご一緒させていただいていた。わたしにとっては人生で最も信頼し、尊敬している方の一人なのである。そんな方からの依頼を「いや、書き下ろしは苦手なんで」とお断りできるほど、わたしは図太い人間ではない。

湧き上がってきたのは、不思議な感慨だった。

そっか、もう20年になるのか。

髙田対ヒクソンから20年だというのであれば、『28年目のハーフタイム』が出版されてから20年だということになる。文藝春秋のかつての担当者に調べてもらったところ、初版3000部のこの本が世の中に出たのは、1997年の9月下旬か10月上旬だったという。榊原さんたちの人生が大きく動こうとしていたのとまさに同じ時期、わたしも人生のターニングポイントを迎えようとしていたのだ。

単行本が出版されるまでのわたしは、スペイン語の通訳になるのが目標だった。通訳になって、2002年の日韓ワールドカップでがっつり稼ぐ。何しろ、英語圏のチームがワールドカップに出場できないことはあっても、スペイン語を話す国々が出てこないことは100%ない。まるで儲からないライターをやっていたのは、他にわたしにできる資金稼ぎの方法がなかったから、でしかない。

まさか、20年経ってもライターをやっているとはなあ。

というか、アトランタ・オリンピックが行われた1996年当時、その28年前に行われたメキシコ・オリンピックは、わたしにとって江戸時代や戦国時代に等しい存在だった。そこで起きたことや登場人物のことは知っていても、所詮はテレビや映画、書物の中での存在というか、とんでもなく遠い時代の出来事でしかなかった。

だから「28年目」という数字は、感覚的には「280年目」と大差がなかったのだ。少なくともわたしの意識の中では。

榊原さんにとって、髙田さんにとって、そしてわたしにとって、20年前は「つい最近」だった。もちろん忘れていることはあるし、記憶がすり変わってしまっていることもあるけれど、江戸時代と同じでは断じてない。かつて28年という年月をはるか彼方のようにとらえていた人間が、50歳を超えると20年という月日を手が届くかのように感じている。

自分が生きてきた時間って、知識として理解してる時間とは、まるで別物なんですね。

というわけで、最後は本書に関わってくださったすべての方々に感謝したいと思います。本当に本当に、ありがとうございました。

取材に協力してくださった方はもちろんですが、西山さんとのパイプをつないでくれたデイリースポーツ道辻歩さん、名古屋のラウンジ事情について的確なレクチャーをしてくださった篠田荘太郎さん、スーパーな通訳ぶりでヒクソンを感極まらせちゃった柏木信吾さん、『宇宙海賊キャプテンハーロック』の全巻を購入してどのシーンを松本零士さんからお借りすべきかリサーチしてくれた幻冬舎の高部真人さん、すべてのテープ起こしを担当し、かつ的確な「まとめレポート」を作ってくれた多羅正崇さん、そして原稿の方向性だけでなく、最終的にはこの本のタイトル案まで出してくれたTさんなど、「あなたがいなかったらこの本できませんでした」な方が山ほどいます。

獺祭、十四代（By旅人）、大信州、亀齢、白瀧、而今、鳳凰美田（同じくBy旅人）、天狗舞、山間、兼八、TAKARA焼酎ハイボール・シークァーサー味のみなさまには、良好な精神状態を維持する上で大いにお世話になりました。

アリス・クーパー、38スペシャル、ドラゴンフォース、ガルネリウス、アクセプト、ライトニング等々、毎度のことながら気持ちを高揚させる上で大きな働きをしてくれるハードロック・ヘヴィメタルのミュージシャンにも頭が上がりません。

ありがとう、本当に。

そしてもちろん、家族にも感謝します。ヨメへの感謝は日経DUALで散々書いてきているので省くとして(笑)、息子よ、お前が通っている道場の親分は、こんなにすごいヒトだったんだぞ、ということはいつか伝えたい。

この半年の間に親子で旅立ってしまったワイヤーヘアード・ミニチュアダックスフントの「むく」と「はる」。お前らのことは忘れないからな。

ともあれ——。

『28年目のハーフタイム』のように始めて『ラスト・ワン』のように終わる。独白から入り、インパクトのある一文で締める。それが、それだけが、書き始めるにあたって自分が決めた設計図でした。

わたしにとってはまさか、まさかの連続でしたが、さて、いかがだったでしょうか。お気に召していただければ幸いです。お気に召さなければ、そのまま口をつぐんでいていただければなお幸いです。

それではまた、いつかどこかで。

２０１７年11月11日。大谷翔平選手がメジャー行きを、キングカズが現役続行を発表し、１日から始まった串カツ田中の１１１１円食べ放題が最終日を迎えた日の夕方に。

金子達仁

［ブックデザイン］
小島正継

［カバーイラスト］
勝亦 勇

［口絵写真］
原 悦生（P2上・P3下）
長尾 迪（P1・P2下・P3上・P4）

［Special Thanks］
髙田延彦
ヒクソン・グレイシー
榊原信行
鈴木　健
安生洋二
渡辺孝真
西山秀二
笹原圭一
柏木信吾
大谷“Show”泰顕
多羅正崇

［編集］
舘野晴彦
高部真人

金子達仁（かねこ・たつひと）1966年神奈川県生まれ。法政大学社会学部卒。サッカー専門誌の編集部記者を経て、95年独立。96年、Sports Graphic Number誌に掲載された「断層」「叫び」で、ミズノスポーツライター賞受賞。『28年目のハーフタイム』『決戦前夜』『熱病フットボール』『ターニングポイント』『泣き虫』など著書多数。近著に、義足アスリート・中西麻耶の壮絶な生き様に迫った『ラスト・ワン』がある。

プライド

2017年12月15日　第1刷発行

著　者　金子達仁
発行者　見城 徹

発行所　株式会社 幻冬舎
　　　　〒151-0051　東京都渋谷区千駄ヶ谷4-9-7
電　話　03(5411)6211(編集)
　　　　03(5411)6222(営業)
振　替　00120-8-767643

印刷・製本所　中央精版印刷株式会社
検印廃止

ISBN978-4-344-03205-7　C0095
幻冬舎ホームページアドレス　http://www.gentosha.co.jp/

この本に関するご意見・ご感想をメールでお寄せいただく場合は、
comment@gentosha.co.jpまで。